擁有同樣寄望

香港人移居英國的故事

CONTENT 目錄

CHAPTER ONE

這是最好的時候——移居英國的準備

CHAPTER TWO

為信念，從沒退後——海外公司首席代表簽證

CHAPTER THREE

如果，命運能選擇——投資者簽證／創新者簽證／初創者簽證

CONTENT 目錄

CHAPTER FOUR

對的時間，對的決定——企業家簽證續簽／工作簽證／工作假期／十年長期居留

CHAPTER FIVE

抬頭行，是光輝生命——配偶簽證／居英權二代

CHAPTER SIX

我們不要在海德公園，再見

AFTERWORD

後記

APPENDIX

附錄

PREFACE
序言
我們，由這裡開始

是勇氣，也是選擇

沈旭暉 Simon Shen
中文大學社會科學院客席副教授

這是一本從事移民英國工作者紀錄其經歷與糾結的書籍。除了一些關於移民政策、法例和規限等資訊外，更多是移居英國的心路歷程以及作者所遇上，那些移民者的故事——有為了孩子未來而決定移民的母親，有為實現夢想的創業家，也有因為香港政局而選擇離開的人。

去或留，都要有堅持和勇氣

五年前，傘運過後，香港開始多了關於移民的討論。五年後的今天反送中運動未完，社會卻是充斥著移民的渴想，就如 Edmund 在書中所言，上世紀 80 年代的移民是對未來的恐懼，這幾年的移民卻是對未來的絕望。然而移民真的是最好的選擇、是我想要的未來嗎？讀畢本書，這是留在讀者我心中最大的疑問。

因為 Edmund 寫的，不只是移民的好，還有那些移民並不能解決的事情，以及是彼邦新的生活、文化、工作，營商甚或政治上的衝擊。收集不同人，包括可信任的真朋友，以及已移民或是其他國家朋友的意見，盡量從不同角度及正反面思考，別被理想化的思維蒙蔽，是本書給所有正在考慮移民的朋友最好的建議。

移民旅途上的美麗與哀愁

最新一輪全球疫情，很能體現移居者所面臨的挑戰——約翰遜政府的佛系抗疫，當地人民的歧視問題，NHS（當地醫療制度）的不足等，畢竟旅行和生活完全是兩碼子的事，相信後者總會遇上不同程度的困難與挑戰，而移民大概就取決於是否有那樣的決心和韌力吧。但或許令人鼓舞的是，Edmund在書內提到這幾個月裡，見到更多是像他這般近年才移居的香港人，卻無畏無懼的堅持留守英國，親歷這場世紀瘟疫，因為他們沒有忘記，當日是為什麼決定要離開香港，而他們所追求的，又是什麼。

本書道出了不少移民旅途上的美麗與哀愁，推薦給所有正積極考慮移居英國，又或在離開與待著之間掙扎的朋友。「去或不去，留或不留，也是個人的決定和承受。我們都要有勇氣去接受改變，尤其是當我們也不再年輕。」特別喜歡這句大概總結了所有關於移民的說話，其實都是勇氣，都是選擇。

願無論身在何方，最終決定去或留，都能有那樣的堅持和勇氣。

脱歐後的機遇

葉志偉 Ivan Yip
英國駐香港總領事館 國際貿易部 新經濟市場主管
Head of New Economy British Consulate-General Hong Kong / Department for International Trade

英國脱歐已是鐵一般的事實，這代表英國正邁向一個新的方向，在國際重新定位及開拓新的機遇，這包括給予英國更自主的貿易及移民政策。然而，英國政府在吸引外來投資一直持開放態度；近年更積極推動創新科技及高增長工業，而其中有很多範疇如人工智能，金融及醫療科技的發展及市場已在歐洲甚至全球前列。因此，英國對於人材的需求，正正在其教育以及移民政策反映出來。

很榮幸再次被 Janine 邀請寫她新書的序。實在不得不佩服她的魄力及堅毅，因為我相信過去的一年是她最忙碌的一年，要兼顧本身的業務及籌備這本書，實在一點也不容易。有別於其他同類書籍，這書除了有各類簽證資料及案例外，更細緻描述港人在移民過程中不同階段的心路歷程及生活點滴，身為港人而較熟識英國的我實在也有不少共鳴；畢竟移民是人生中最大投資及改變之一，相信讀者們也能因此更有準備。

在此再次恭喜 Janine 及 Edmund！

策略性解讀移民簽證的修訂

馬永懿 Cheryl Ma
曾任職英國移民局咨詢部
Former UK Visa and Immigration Official

過去一年，不少香港人諮詢並計劃移民，同時英國的移民政策亦出現大幅度變化，例如：投資移民簽證進行了廣泛的修訂，企業家簽證由新政策取代，有志者都要不斷追蹤剖析最新的政策。移民過程並不輕鬆，當中要計劃、部署和考慮的事情很多，更是一種勇氣和決心的考驗。

Janine在書中就各熱門簽證類型提供了全面而有策略性的解讀，實用具體，亦就移民局對新冠狀病毒疫情所作出的修改條例，給予獨到分析、建議和提醒。當中分享的真實個案由首簽至續簽到永居，都有效切實地引導著香港人，更看到申請人對Janine的信賴和交託。

認識Janine七年，我絕對佩服她對專業的執著和她實踐的經驗，對申請人的盡心盡力及將心比己的服務態度，我十分期待繼續見證她幫助每個申請人步上成功移民之路！

感激我遇見

繆曉彤

二零二零年三月，初春。

週末的早上，初春的陽光暖暖地灑在窗前，貓咪靜靜地坐在被窩裡，凝視着坐在筆記本前，再次執筆寫作的我。

細細數來，從事移民英國工作的日子已經來到第九年，時光彷彿在工作及寫作中悄然而逝。不知不覺，距離上次寫書已有兩年，如今再次閱讀著自己的文字，心裡仍有悸動，總覺得好看感人的故事，是因為作者本人也身在其中，大概因為寫的是真實的經歷和真摯的情感，以致會有所共鳴。

移民政策的改革

過去一年，英國移民政策經歷了重大的改革，自過往最熱門的企業家簽證於二零一九年三月取消後，取而代之的是新的 Start up 和 Innovator 簽證，雖然投資資金的要求比以往少，但整體申請的門檻以及取得永居的要求都相對提高，以致有不少準申請人開始尋覓其他的移民方案。

以心對心的堅持

回顧從事英國移民工作以來，因為我和團隊的努力與堅持，得到了不少支持與讚賞，更在香港人移居英國的市場上，維持著高企的成功率及接近 50% 的市場佔有率，然而在經營的過程中，仍有很多不為人知的困難和壓力。

當中最沉重的是，我也跟許多的企業一樣，受着社會環境和經濟影響，偶而更會遇到一些別有用心的攻擊，有些是無中生有，有些更是扭曲概念，對此我一向不作回應，也沒有把這些事放在心上。創業至今，我的理念仍然不變，以心對心的出發，期望可以利用自己的專業幫助別人，每一個找我幫忙的個案，只要接下工作，就必定全心全意當作自己的事一樣看待。

尤其在這艱難時期，很多人因為迷失慌亂才找我們幫忙，當中不乏有第一次申請的朋友，而也有不少曾遭拒簽又或因為種種緣故，需要跟進後續的續簽或永居申請的事宜。對於身處困局當中的香港人，我們一直盡自己所能去幫忙，所靠的是一顆虛心學習和努力的心，以及年月累積的經驗。

打從心底的感激

感謝這一路走來，陪伴在我身邊的人，特別是與我攜手同途、共同寫作的瑋思，不眠不休幫我進行訪問的編輯，還有每一位受訪的申請人，很高興有你們，成就了這故事。

是你們讓我繼續有動力堅持著對這份專業的執著，未來的日子，申請的方法和審批準則或會有變，然而，心底裡的那份堅持和執著，卻永遠不變，因為，真的假不了。

離別了，若想心安

黎瑋思

英國在二零二零年三月二十四日封城前，我曾經問過：想移居英國的朋友，願意在未來一個月留在英國嗎？

二零一三年才第一次到英國，在倫敦 Queen's Theatre 看了 Les Misérables，潸然淚下，回港後用了整整一個月時間梳理了對於前途的想像，二零一四年夏秋之交的那場運動，要做的都已盡力去做，眼淚都流乾了，最後卻理清了一些事一些情，明白到未來可能不在這裡。

二零一五年六月下定決心申請企業家簽證，十一月獲得初簽，二零一六年一月正式移居，就這樣來了；二零一九年三月成功續簽，然後，還有兩年才有永久居留權。

我在二零一六年初開設「香港人在英國」fb 專頁，又或看過我跟 Janine 第一本作品的讀者都知道，我不會只顧寫移民的好，還經常強調移民並不能解決所有事情，更要面對的是彼邦新的生活、文化、工作、營商，甚或政治上的衝擊。

好好活著

二零二零年的這場瘟疫，我們最壞的情況可能是，失去性命，在英國疫情最嚴重的那幾天，每天都有接近一千人去世，我確實感受到，死亡，原來是這麼遠那麼近。最後，三月二十四日後的僅僅一個月內，英國就有超過兩萬人因疫情而死亡。

方才發現，活著多好，我們都要好好活著。

這幾個月，我見到更多是像我這般，這幾年才移居的香港人，無畏無懼，堅持留守英國，親歷這場世紀瘟疫，我們不會放棄，並堅信一定會贏，因為我們絕不會忘記，當日我們為什麼要離開香港，追求的又是什麼。

香港的情況，我當然知道，香港是我的故鄉，我依然寄望香港美好如昔，就像上世紀那些年的美好日子，雖然我也知道已經很難。

作為本書的聯合作者及出版人，在香港社會風雨飄搖的日子，在幾乎肯定賠本的情況下，我仍然堅持出版實體紙本書。是心結也是寄望。

因為，本書或許還有一點點時代意義，她記錄了香港自上世紀八十年代的前途危機，三十年後的今天，再次觸發的移民潮，切切實實的記下了這幾年，一個又一個香港人移民英國，尋找他鄉的真實故事。當我們失去香港的那天，這些故事，就是香港人的口述歷史。

我們都有著不變的，勇氣

我們移民英國的路並不一定順遂，而且關卡重重，我們仍然懷著最大的決心和勇氣走下去，不為什麼，只因我們都明白到自由，確實得來不易。

我的移民之路還未走完，我還有未了的心願，時間阻不了你也約束不了我，我知道一切都不容易，但只要你也一樣的肯定，我們相約在某年某天，天涯海角我都隨你去。

我們一定會再見。

We will meet again.

是為，序。

CHAPTER ONE

這是最好的時候

移居英國的準備

書店的約定

這個故事，起始於傘後的一年，風雨飄搖的香港。

回想起初次跟瑋思見面，已經是五年前的初春。那年移民的聲音在香港此起彼落，不少人因為政治、經濟、教育、生活、社會環境等等因素，萌生了移民的念頭。對於在英國殖民地成長的香港人而言，選擇移居英國除了因為種種考慮因素外，更是源自於對英國的一份情意結。

瑋思的故事跟許多香港人一樣，成長於英國殖民地社會，經歷金融風暴，然而，在經濟環境全面逆轉的情況下，他卻毅然放棄穩定的工作，轉而創業，對文字及紙本製品的熱愛，促使他繼續到英國勇敢追夢。

仍然記得第一次接到他的電郵，內文是這樣：「我想用企業家簽證計劃移民到英國，請問可以安排面談諮詢嗎？」

從電郵裡得知，瑋思為資深傳媒出版人，不知道他想到英國發展的業務會否跟文字有關呢？對於那次的見面，我一直滿心期待。誰又想過，他的故事不但勉勵著有意移民英國的同路人，同時也啟發了我開展寫作之旅呢？

五年的經歷

過去五年，他經歷了很多很多，從諮詢、到申請、到獲批、到創業、到續簽、到永居的準備，看著他一步一步去尋夢，每次看著他的文字，傾聽著他的分享，都是一個又一個難忘的經歷。

還記得申請續簽前的那年仲夏，我來到利物浦，到訪他的書店，當時我這樣跟他說：

「續簽的準備就交給我，你要努力經營書店，也要一起努力寫作啊！」

「要跟你一起出版作品，當然會努力啊！」

「一言為定。」

「就這樣約定了。」我們不期然相視而笑。

後來，我們的約定實現了，新書也出版了，我們再努力準備著續簽的種種。

當年瑋思申請的是企業家簽證，這樣簽證對於投資金額和請人都有特定的要求，續簽所需的文件很多，如會計報告、稅務文件、工資單、僱傭合約等，每份文件的格式和內容都不能出錯。除了需要重複地核對，有時更需要一次又一次的修改，過程中曾有困難亦曾有所擔憂。

續簽的考驗

二零一九年一月初，我們提交了續簽，接下來是漫長的等待。提交續簽後的那段時間，讓我憶起很多很多，這些年來的回憶，曾遇見的人和事，在眼前一幕幕掠過。

等待的過程確是煎熬的，八個星期過去了，仍然沒有消息，知道瑋思有點忐忑，我也開始著急了。我跟他說：「故事還未完的，我們要寫的還有很多很多，或許美好的事情總需要等待，如同我們的寫作和出版，相信這次我們也一定會等到好消息的。」

然而，我心裡亦不禁開始思考著種種的可能性。

「會不會是最近轉了新的網上程序，所以有所延誤呢？還是因為這段時間的申請太多，需要多一點時間處理？該不會是有什麼地方出錯了吧？」我一直默默地想。

就這樣想了很多很多，仍然音訊完無，惟有給移民局致電，請求對方跟進及加快處理。直到三月初的那個深夜，我終於收到瑋思的短訊：「我們成功了。」

看到短訊的那一瞬間，我怔怔的呆住了，感動的淚水不禁凝在眼框，因為，我們的故事真的可以寫下去了。

故事的新一頁

如今，故事又翻了一頁，時間地點人物都隨著改變，同時，英國移民政策更一直在改革，在現時的新政策下，移民英國的途徑和門檻亦比從前困難，申請人要決定舉家移居，實在需要不少的勇氣決心和堅持。

但願每一位準申請人在考慮各種簽證的同時，不只考慮初次申請的要求，更要切實考慮各種簽證取得續簽和永居的可行性，把這香港人移居的英國故事，一直延續下去。

然後，還有沒有然後

二零一八年十二月三十一日，凌晨。

終於要走了，很倦很倦。

帶著Janine這三年來給我整理得很好很好的大疊續簽文件，懷著感恩的心離開香港。回到英國後，依著她的囑付，完成了申請程序並寄出文件，剩下的就是等待和回憶，五年前那封電郵彷如昨日，這個故事亦起始於此。

在香港的這陣子情緒一直不穩，對於續簽對於將來，都有太多太多的不可測，可能有居英權又或有BC配偶的朋友，是不會理解我們企業家簽證面對用盡二十萬鎊後續簽失敗的恐懼與焦慮，尤其是我的資金從來只是剛好。

回望過去三年多，無論在英國在香港，要做的都已盡力的去做，我一直相信「做最好的準備作最壞的打算」，所以這三年從無放棄在香港的工作，為的就是預期一旦續簽不成功，還有一根救命草。

美好的，沉澱了

對於今次回來，還是有些話要説：

感謝來到新書分享會的朋友，當日我的表現不好，請見諒。

感謝在我一個人焦慮不安時，在香港的朋友，聆聽了我很多很多。

感謝一直在看我胡言亂語的你們，使故事的人物這麼遠也那麼近。

最後，衷心感謝我的律師 Janine，工作很忙很忙都見了我一次又一次，對於我的續簽作了最大最大的幫忙和努力。

很感恩有你們同在，使我可以走到這一步。

這三年使我重拾書寫的觸覺，現在卻有種不知如何寫下去的無奈，如果在某年某天這專頁的時鐘停擺了，希望您／你／妳／您們會記著，我們曾經有過美好的光景。

航班上的回憶

在回程的航班上，忽然想起張愛玲的《一別，便是一生》。

年紀越大，越是覺得每次別離都可能是一生一世。既然生有涯，或許我們真的只需在乎那些在乎你的人便足夠。

這三年使我明白到，我想要的是怎麼樣的生活，在意的是哪些人，活到這個年紀方才覺悟，都算是諷刺吧。

下次下次，但人生卻沒有下次，惟有不要再錯過喜歡的人，盡力去做自己想要做的事，記著每次我們的相見都可能是最後。

因為，我們一別，可能就是一生。

我是真的累了。

I am strong,
but I am tired

初春的重逢

二零一九年三月，初春的黃昏。

續簽後，瑋思回到香港，我們相約在海旁的咖啡店見面。

「很久不見了，你好嗎？」瑋思的臉上，掛著久違了的笑容。

「還好，昨天終於完成所有企業家簽證的申請了。」我笑說。

瑋思通過續簽後，心情好像輕鬆了不少。然而，我卻剛剛相反，自企業家簽證計劃正式宣布停止後，整整兩三個月的時間，我都在日以繼夜的工作，簽證取消的前夕，不少申請人在最後一刻下定決心辦理申請，趕在限期前入紙，我亦盡最後的努力，爭取著一分一秒，盡力辦理好每一個的申請。

成功背後的堅持

申請的過程中遇上了不少困難，不是所有事情都能夠由我們控制，當中需要很多第三方的配合，如開立英國銀行帳戶，取得有關文件等，幸好有著客戶一直的配合。那段日子感受特別深的是，每次的成功，都不是必然，縱然已處理過不少的申請，但偶爾還是會遇到無法預計的狀況。

就像那天，與瑋思見面前的黃昏，我便與企業家簽證的申請人經歷了長達三個半小時的面試。申請人的背景很豐富，商業模式也不複雜，其實就是一個簡單的商業收購，但卻因為遇上難以溝通的面試人員，讓面試的難度增高，結果無奈地需要以廣東話、國語、英語三種語言，重複又重複地把商業計劃書的內容及單詞拼出來。

申請人笑說，這是難忘的經歷，不會忘記了，我卻認為這是不可思議的，因為面試不是應該在公平公正、能夠互相溝通的情況下進行的嗎？後來我們向移民局反映此事，情況才有所改善，感恩經過一個又一個的面試後，所有申請最後成功通過。

「接下來，有什麼打算嗎？」瑋思問我。

未來的憧憬

我想了想，回答說，雖然企業家簽證取消了，移民英國的途徑比以前相對收緊，但還是要努力工作啊，還有很多續簽和永居的申請等著要辦理。

我跟瑋思分享了很多，特別是那段日子以來，有歡笑有淚水，有艱辛有感動，曾經有一段徹夜未眠的日子，對於工作生活及未來，心裡有著很多的反思。瑋思也跟我分享著他對未來的想法，包括接下來兩年的英國生意計劃和申請永居的事宜。

「再一次，謝謝你一直以來的幫忙，接下來的兩年，辛苦你了。」

「我們一起努力好嗎？」我們笑著道別。

初春的黃昏，天色開始昏暗，天空泛起一片晚霞，一閃一閃的燈光，如同心中點點的星光。那怕未來充滿荊棘，尋夢的旅程仍是美麗。

BY EDMUND

回憶，在記憶中的我

二零一八年十二月三十一日，懷著感恩的心離開香港。二零一九年一月三日完成了網上申請程序，一月五日寄出所有文件，剩下的就是等待和回憶。

交付了續簽文件後的這段日子，讓我一次又一次的想起五年前決定移居英國的種種，我沒有時光機，沒法重頭再來，如果仍留在香港的我這幾年會是怎樣。但某些如果，還是可以預期。

如果，還有很多很多

如果五年前不是遇到Janine，我應該未必能夠成功申請初簽，因為我知道我沒辦法完成整個申請程序，也不會有往後的故事。

如果不是到了英國，就不會使我用心記下整個申請過程及心路歷程，也就不會有「香港人在英國」這個專頁，也不會跟Janine的新書出版，您們也不會到來我的新書發佈會。

如果不是經歷別離，也不會發現原來還有一些解不開的心結，還有很多很多。

整整兩個月後，三月七日的晚上，在利物浦書店回到曼徹斯特，在屋苑管理處收到一個重甸甸的郵包，心想要來的始終要來，我一直相信「作最好的準備，作最壞的打算」，想了一陣子，然後小心的打開郵包。

是的，故事還得寫下去。

淚水的溫度

晚上的氣溫仍然接近零度，獨自回家的短短路途中，迎著冷雨的臉卻有著淚水的溫度。

整理了複雜的思緒，心情稍稍平伏下來，立即通知Janine，不管那是香港的深夜，她為了我的續簽付出最大的努力和心血，她在這個故事裡有著很重要很重要的位置，亦使我的故事可以繼續寫下去。

再次感謝她在這四年來，為我做了的很多事情，除了申請初簽時整整八個月的準備，還有到英國後跟進我在地創業的種種疑問。持企業家簽證的朋友都會明白，內政部對於續簽的要求仿似簡單，其實要留意的事項很多而且繁瑣，文件的遺漏又或格式錯誤都對日後續簽有負面影響。Janine 的專業還有她的細心，都使我可以專注在書店營運及雜誌的編採和發行上，當然，我還是要兼顧著香港出版社的事宜。

但世上更多是不可測的如果，正如我不知道若果我續簽失敗會有怎麼樣的改變。如果，到了那天，我又會如何。或許，一切都成為過去，再沒有了如果。

在這三年間，遇到的失落難過沮喪又怎會少呢，不再多說了，我只會記著美麗的光景，在未來的未來，希望仍有你的同行，可以一直走下去，可以走多遠就多遠。

補遺：1）收到續簽的三月七日，英國內政部同時宣布 Tier1 Entrepreneur Visa 企業家簽證即將在三月底完結，並同時推出 the startup visa 以及 the innovator Visa，是的，我們終將走進歷史。

2）相片為利物浦 Albert Dock 摩天輪，在利物浦三年了，在等待續簽情緒忐忑的日子，才第一次到訪，看著摩天輪緩緩的轉動，想了很多很多。

申請前的準備

二零一九年七月，炎夏。

再次跟瑋思見面，已經是七月下旬的事。

自暑假的那場社會運動後，查詢移民英國的人多了很多很多。

這次瑋思回來，我們有幸一起出席講座，擔任分享會的嘉賓，分享移民英國的途徑和相關的資訊，當中包括：配偶簽證、學生簽證、十年長期居留、工作假期簽證、工作簽證、初創者簽證、創新者簽證、海外公司首席代表簽證、投資者簽證等等事宜。

對於申請前的準備，有以下幾項文件上的建議：

護照

申請人在申請簽證時，需要持有至少六個月有效期的護照。

如申請人同時持有特區護照和 BNO 護照，建議使用 BNO 作申請，如果 BNO 已經過期，建議在申請簽證前，提早申請補領。

使用 BNO 申請，到達英國後不用到警處報到，辦理銀行和車牌等事宜也會比較簡單。

銀行帳單

申請人需要根據個別簽證的存款要求，提交有關的銀行帳單，清楚列明有關存款記錄。

簽證所需的銀行月結單必須為英文及正本文件，如為電子月結單，必須要銀行在每頁都蓋章，以確認帳單的真實性。如申請人的帳單為中文，則需要找翻譯公司作翻譯。

為簡化申請流程，申請人可考慮在申請前先開立英國銀行賬戶，預早把所需的現金存放在主申請人的名下。雖然法例容許申請人以等值港元或外幣作存款，但若資金分佈在太多不同的銀行賬戶，文件會比較繁複。

肺結核測試

凡申請任何六個月以上的簽證，申請人需到英國移民局指定的診所進行肺結核測試。

申請人通過肺結核測試後，如果胸肺X光檢查正常，診所一般會在一星期內發出證明書。如測試結果呈陽性或不確定，申請人需要接受痰液測試，化驗結果需時約兩個月。

若申請人被診斷為感染肺結核，將不會獲發證明書，申請人需要接受治療並等到痊癒後，才可申請英國簽證。

如小孩為十一歲以下，申請人必須帶同子女到診所，為他們填寫健康調查問卷。診所的醫生會根據作答的資料，決定小孩是否需要進行肺結核測試。

由於肺結核證書的有效期為六個月，建議申請人在可行的情況下提早作出申請。

部分的申請，如投資者簽證和工作簽證等，需要申請人及配偶提交無犯罪紀錄證明書。

無犯罪紀錄

根據香港警務處的流程，當申請人遞交網上簽證申請表格後，需要攜同已填妥的無犯罪紀錄證明書申請表及有關的簽證申請表格，親身到警察總部按指紋並簽署授權書，授權香港警務處向英國移民局披露申請人在香港的犯罪紀錄詳情。

若申請人在香港並無犯罪紀錄，警務處會在四星期內將無犯罪紀錄證明書，以掛號函件直接寄到英國駐香港的簽證中心。若申請人曾有犯罪紀錄，警務處會視乎犯罪紀錄的詳情及刑期等，判斷是否已被銷案。

英國移民局會考慮申請人過往的刑事紀錄詳情而作出判斷，包括有關案件的類別、犯罪日期、判處刑期、是否曾被判處監禁等。若申請人的犯罪紀錄已被銷案，一般不會對簽證的申請造成影響。

去或不去，留或不留

二零一九年七月，盛夏。人在香港。

很多朋友私訊跟我說對於移民的看法，我當然明白香港的狀況，但我不會一面倒吹捧移民的好，因為我在英國同樣面對不同程度的困難，我常說移民的決定除了決心都是決心，移居後更要有堅強的意志去接受挑戰。

說真的，我現在仍是跌跌撞撞，所以不會「代」別人決定移居與否，始終每人的狀況也不同，我總是建議找自己的真朋友作第三方意見，甚至作忠誠的反對派，去提出不同角度和層面的看法。

至於去或不去，留或不留，也是個人的決定和承受。我們都要有勇氣去接受改變，尤其是當我們也不再年輕。

認真考察的重要性

二零一五年決定以英國企業家簽證申請移民前，曾經到過的英國地方不多，包括 London、Bath、

Brighton、Cambridge、Oxford等，當然以旅遊為主，總計大約只是兩個月的日子，對於英國的生活方式、營商環境不能說很了解，旅遊跟移居生活、在地營運生意，完全是兩碼子的事情，這點我很清楚。

考慮的是生意營運的種種，包括生意模式（自資、入股）和類型、商業計劃書的內容等等，我在香港總算是有多年營商經驗，但始終人生路不熟，資金也不太多，所以決定再赴英倫考察。選擇在二月到曼徹斯特及倫敦，除了遷就在香港的工作，也是想感受英格蘭冬天的氣候。

居英的朋友都知道，英國的冬天不容易適應，除了長達五個月，而且日短夜長，下午四時許天已全黑，又長時間天陰有雨，生活作息以至經商零售都會有頗大影響，建議必須安排一次冬天到英考察。

很多人在暑假七至八月到英考察，感受到全歐洲最佳的天氣，陽光充沛既和暖不太熱又日長夜短，最高峰時接近晚上十時才黑起來，所以冬天和夏天群眾的消費模式也有頗大差別。

冬天適應不容易

因此種種，不少像我們般的香港人移居到英國後，感到難以適應，情緒不好之餘甚至最終返回香港，所以朋友建議必須安排一次冬天到英考察。

經朋友介紹認識了一位已在曼徹斯特及利物浦做生意多年的朋友，見面詳談後獲益良多，最後亦深深感受到「出外靠朋友」的老話。此外，自己分別在曼城及倫敦的地產代理相約睇樓，較深入的行行住宅區，感受本地人的生活。

兩個星期的考察，當然不能很深入了解英國的種種，但最重要的是整個行程抱著什麼心態，看到的跟旅遊不一樣，想到的也就不一樣。

在回程十多小時的航班上，徹夜未眠地將整個行程的重點記下，在黑沉沉的機艙內，又將香港近十年的變化記下來，將自己的人生下半場想了又想。當機艙的燈再次亮起，到達赤鱲角機場上空，望著我所愛的香港，是亢奮也沉重，亢奮是對於商業計劃書上究竟是做什麼生意，有了初步的想法。沉重是我明白到，不能再回頭了。

下機的一刻我知道，回到香港可能就是離開的開始。

一移民解讀一 簽證沒有地區限制

英國由四個部分的地區組成，包括英格蘭、蘇格蘭、威爾士和北愛爾蘭，英國所有簽證沒有地區限制，所有簽證持有人都可以自由在這四個地區居住。

早年比較多香港人移居的地方為倫敦及周邊地區，近年則比較多人選擇英格蘭中部，如Manchester、Birmingham、Liverpool 等地區。

最好時刻

有關移民前的準備，其中一個常見的問題是，什麼時候最適合移民英國？

我想起了三年前的某月某日，一個小女孩的故事……

「你們的心情如何？期待嗎？」我問小女孩的媽媽。

「計劃了兩年多，到了出發的一刻，心情仍很複雜。有時候仍會想，現在移民英國，時間上正確嗎？會不會太早呢？」小女孩的媽媽說。

三年後，小女孩一家已移居了英國的海邊小鎮，雖然在英國創業並不容易，途中亦遇到很多的跌跌碰碰，但生活仍然是簡單和快樂。

「幸好當時作出了移居的決定，現在身邊很多朋友都在查詢移民的資料，他們比我們以前更想離開。」

對的時間對的決定

在計劃移居英國的過程中，很多人會疑惑，何謂最好時刻？是孩子年幼的時候，還是待孩子完成了小學階段？

移民政策每年均會改動，近年更是收得越來越緊，不少申請人擔心不久的將來會改例，下定決心提早申請，同時，也有申請人考慮到工作、家庭和孩子升學等等的因素，考慮幾年後再落實計劃。

就像二零一九年的三月，企業家簽證取消後，有申請人慨嘆為何不早作準備辦理，現在申請的門檻相對提高了，要再從長計議，另一方面，也有申請人指出，新的 Innovator visa 相對更合適，幸好早前沒有申請舊的簽證。

三年後的這天，我為小女孩一家準備好了厚厚的文件，準備提交續簽。

「心情有點緊張呢……」小女孩的媽媽說道。

海邊小鎮重聚

每次提交申請，心裡仍有悸動，但那一刻我卻知道，小女孩一家跟三年前一樣，一定會順利，因為我們約定了，在某年某日，要在海邊小鎮重聚。

結果，短短兩星期的時間，我們便收到了續簽的好消息，同時，也再一次印證了，企業家簽證申請人可以利用公司名義，以購入商用物業，達到續簽的資金要求。

至於何謂最好時刻呢？其實在我而言，移民的決定，就像生命裡許多的決定一樣，沒有太早或太遲，只要在下定決心的那一刻起，一直相信和堅持走下去便對了。

一移民解讀一 移民英國年輕化

近年申請移民英國的人有年輕化的趨勢，不少申請人會選擇在小孩的初中階段前移居，其中一個重要的考慮，是希望小孩可以在入大學前取得永久居留權。原因很簡單，因為如果小孩在大學第一年入學時已取得永久居留權，便可享用本土學費，相比海外學生的學費節省多一截。

我自信，有日如願

我跟 Janine 第一本合著《只想追趕生命裡一分一秒　移民英國解讀 101》的理念，還是想在這裡說明一下。我們草擬內容大綱時，理念是以人性化的角度去記述一個個香港人移居英國的故事，不只於移民資訊和申請過程，更在於移居後實際面對的生活和適應，以及營商的種種考驗。

我們亦一再修訂新書發佈會的內容，尤其是「移居英國的美麗與哀愁」這部分，原因也是期望讀者決定移民前，能夠實際認知及了解日後的生活，不要過分憧憬，沉澱階段是必須的。

決定前做好準備工作

二零一五年二月下旬，我自英國考察回港後，進入了沉澱階段，因為終於要面對是否落實申請移民的抉擇。之前半年一鼓作氣作了很多資料搜集，以及到英國作在地考察等，但當要做一個離開自己出生成長地的決定原來這麼難，是的，我是真香港人。

面對去留的猶豫，腳步突然停了下來，但英國移民政策每年都在變動，時機錯過了隨時再沒有下次。既然站在十字路口，惟有再做好準備工作再作最後決定。

首先將我在香港的碩士學位轉做英國認可學歷（UK NARIC / 英國國家學術及專業資歷認可資訊機構 http://naric.org.uk/naric/），這樣就可以幹免將來申請時再報考 IELTS 的煩惱。其實若果不是主申請人，配偶是可以在英國工作，我會建議同時辦理，始終有英國認可學歷，找工作會較方便。其實 IELTS 有效期兩年，初次申請時要考一次，五年後申請永居時又要考一次。

待三月下旬，開始電郵查詢及約見移民律師，當時真正了解英國企業家移民以及願意處理的移民顧問其實不多，我就曾經被游說做英國投資移民（哪有錢），又或其他國家，有部分收費亦令人卻步。

別被理想化的思維蒙蔽

趁未確定落實移民決定，我盡量收集不同人意見，包括：可信任的真朋友，以及已移民其他國家的朋友，盡量從不同角度及正反面思考，不要被自己太理想化的思維蒙蔽。

期間，我開始認真計算整個移民計劃的申請費用及日後生活費的估算，以及作資金的調動及集中以符合申請要求，這過程其實不易，也絕不能看輕，尤其是資金從來不太充裕的我。

最重要的是，不斷自我修訂預計申請英國企業家移民簽證可行的生意計劃，以切合自己的履歷和營商經驗。

一切準備就緒，不能再猶豫了。

捨不得不一起

移民是生命裡其中一個最重要的決定，當計劃想離開安舒區，到異國開展新旅程時，你會希望跟誰一起同行呢？是配偶、孩子、父母、外傭、朋友，還是寵物呢？

最理想的情況，當然是能夠帶著所愛的家人和孩子，一起去走這移居之路。從前的企業家簽證能夠以團隊的形式申請，即是兩位申請人一起合資，合伙經營英國的企業，便可兩個家庭一起移居，確實是不錯。

想起上一次到訪曼徹斯特，客戶邀請我到她家作客，幾年前她與弟弟兩家人一起合組申請企業家簽證，到了英國後，她們兩家人分別買了房子，住在隔壁，一同生活一同創業，很多人形容，這是移民的最佳例子。

小孩的唯一撫養權

但是，是不是每個家庭都可以這樣理想呢？從事移民英國的這些年來，曾經遇見不少的故事，自從八十年代後期，早年很多的家庭因為工作的緣故，選擇以「太空人」的形式申請移民英國，以太太作主申請人，帶著小孩移居英國，另一半則繼續留港工作。只不過這種方式移民，所衍生的家庭問題其實不少。

時代變遷，這種方法已經不再可行，根據現時的移民法例，雙方父母需要同時作出請，孩子才能一起獲批。許多人會問：有例外嗎？唯一的例外是，除非申請人持有小孩的唯一撫養權，並提供有關的法律文件，才可單獨和小孩入紙申請。

在現時的法例下，這種情況基本上只會在兩種情況下發生：

1) 雙方父母已經分離，其中一方取得法庭的許可，持有小孩的唯一撫養權；

2) 其中一方已不在世，另一方自動持有小孩的唯一撫養權。

至於很多人查詢的父母和外傭呢？在現時的法例下，同樣有一定的限制，由於申請人只能帶著配偶及十八歲以下的子女同行，如果父母想前來探望，最簡單的方式是以遊客的身份到訪英國，最多只能逗留六個月的時間。

至於外傭姐姐，由於並不能跟隨移民的家庭同行，則可能要考慮把外傭姐姐的合約提前作出改動，把僱主由申請人改為第三方，例如申請人的父母，然後由其僱用至少一年，才可以為外傭姐姐申請外傭簽證，讓其可陪同僱主在英國逗留六個月的時間。

寵物也移民

最後就是寵物，如果想攜帶心愛的寵物同行，建議在移居前六個月左右作準備，安排寵物見獸醫，評估狀況及風險，決定是否合適辦理。如果合適的話，再辦理所需的檢疫流程、動物牌照、入境手續、預訂機票和處理清關等事宜。

我心愛的貓咪丫丫

盛夏光年

'The world will not be destroyed by those who do evil, but by these who watch them without doing anything.'（這個世界不會被那些作惡多端的人毀滅，而是冷眼旁觀、選擇保持緘默的人。）—— Albert Einstein（愛因斯坦）

是的，在大是大非的時代，沉默，就是幫兇。

有人以為，自己的力量很少也沒膽走得太前，所以選擇做個默不作聲的旁觀者，但我們實實在在每個人總有自己的一丁點能力吧，例如給身邊的人作正確的解說是不錯的崗位，而且非常重要，不妨就從這裡開始。

不能放下的香港

要喚醒裝睡的人，往往比沉默者更困難，裝睡的人會自栩自己是中間人無立場，把自己置於一個道德高地，因為這樣才能使他們自我感覺良好，他們會說做這麼多事情都是沒用的。

跟這些人對話是沒用的，直接無視他們就可以了，因為他們的存在感建立在與其他人的爭辯中，或許直到給白衣人痛擊的那天，裝睡的人才會醒來。

五年前夏秋之交的那場運動，流乾眼淚後，決定移居英國，一年後就來了，每年仍往返香港數次，以為可以自我感覺的成為過客，卻原來也不能放下。

這個盛夏光年，淚水的溫度滲雜著汗水的氣味，心變得複雜，思緒卻豁然了，看著年輕人對信念的堅持，對同路人的不捨不棄，對強權的無畏無懼，我看到了希望，對於未來，有了更多的想像。

堅持走往後的每一段路

我們都不知道明天會如何，但我一定會懷着堅持和勇氣去走往後的每一段路，直到相約的那年那天那裡，卸下

Amnesty
International
Ignore us,
ignore human rights

重擔解下面罩，不管視線都模糊了，我們相視微笑給你妳您們相認和擁抱。

為了所愛的人為了所愛的香港，為了失去了性命為了受傷被捕的香港人。

這幾天我也充滿無力感，但我不會讓無力感擊倒我，縱使我也不知道事情的發展會怎樣，但這個多月，我深深的感受到我是香港人的理由，因為，我愛香港，我所愛的都在香港。

補遺：上頁相片來自國際特赦組織數年前的廣告，說的是一群人背對的圓圈內，有被處死或毆打的人，但群眾選擇沉默卻沒有人願意伸出援手。

CHAPTER TWO

為信念，從沒退後

海外公司首席代表簽證

海外公司首席代表簽證

英國海外公司首席代表簽證的概念是委派公司的高級員工到英國成立子公司或分公司，為海外公司到英國擴展業務，每間公司只能委派一位員工作簽證申請。

申請年齡

主申請人為十八歲以上，配偶及十八歲以下的子女可隨同申請。

公司背景

公司的總部和主要營業地點需為英國以外的地方，並不能在英國有任何子公司、分公司或其他首席員工代表。

公司需要有穩定的財務狀況，並提供最近一年的財務報告，證明公司有穩定的營業收入(Turnover)及淨利潤(Net Profit)，同時也需要提交公司的銀行帳單，證明公司有足夠的現金存款以作英國擴展之用。

目前法例並沒有對營業收入、淨利潤或公司存款有指定的要求，所需的金額根據個別行業有所不同。

商業計劃

此簽證沒有任何行業限制，英國子公司需從事與母公司相同的行業，未來五年期間，海外公司需要作為公司的總部，並維持原有的業務。

申請簽證時需要提交商業計劃書，提供申請人的學歷背景和工作經驗，及英國公司的行業概述、目標市場、人事招聘、營銷戰略、競爭對手及財務概要等內容。

商業計劃書的內容需要考慮以下因素：

- 背景經驗：申請人是否有相關的學歷或經驗？在生意中的角色和職責是什麼？
- 行業概述：母公司為何想在英國創業？英國當地的行業概述是怎樣？
- 產品服務：英國公司想提供的詳細產品及服務內容是什麼？如何定價？
- 目標市場：英國公司的目標市場是什麼？計劃如何進入英國的市場？
- 地理位置：英國公司計劃在哪個城市設立？估計相關的租金是多少？

- 聘請員工：英國公司計劃聘請多少名員工，相關的職責及薪金是多少？
- 競爭對手：英國公司跟現時英國市場上的競爭者有何不同？
- 營銷戰略：英國公司有什麼營銷的計劃？
- 財務概要：母公司計劃投資多少資金到英國公司？

移民局在審理簽證的時候，會詳細評估商業計劃書的真實性及可行性，以及母公司計劃在英國公司投資的金額是否合理。

若申請人對英國公司已有了初步的創業想法，但沒有明確的方向，最直接的方法是到英國進行實地考察，觀看該行業的現時概述，到訪競爭對手的市場，並分析他們的優勢及弱點。申請人可考慮親身體驗英國各大城市的營商環境，暫定創業的地點，及收集有關地點的周遭設施、租金預算、營業時間、平均人流等資料。

海外代表

主申請人必須已受僱於英國境外的公司，擁有相關業務範圍內的行業經驗及知識，並在該公司擔任高級職位，並有英國的全權決策權。每間公司只能委派一位海外代表到其英國公司工作。

主申請人並不能是該公司的主要股東，最多只能持有少於49%股份。如主申請人是主要股東，需要在申請轉售股份，並提供詳細文件和合理的解釋。

英文要求

如申請人持有美國、加拿大、澳洲、新西蘭等英語國家的國籍，可自動符合英語要求。

如申請人持有英國本科或以上的學歷（即 Degree/Master/PHD，注意 Diploma 或 Associate Degree 並不認可），只需提交英國的畢業證書，便可自動符合英語要求。

如申請人持有的學歷是由英國以外的大學頒發，需要提供有關的成績單和大學信件，證明學歷為英語授課，然後向英國機構 UK NARIC 作出申請，確認學歷等同於英國本科或以上的程度。

如申請人沒有以上學歷，需要達到 CEFR A1 水平，可報考 IELTS for UKVI (Life Skills) 考試，並於聽説兩份考卷中各自合格，證書的有效期為兩年。

英國公司

首次申請成功後，主申請人需要在英國成立子公司或分公司，該公司必須 100% 由母公司持有，並從事與母公司相同的業務。

雖然現時法例並沒有限定成立公司的時限，但建議申請人登陸英國後，盡早註冊公司，開立公司銀行帳戶，並安排自己在英國公司受薪，薪金需與有關的職位相符。

三年後續簽時，申請人需要證明公司的總部及主要營業地點仍然在英國境外。

雖然簽證並沒有營業額的要求，但續簽時英國子公司需要提交過去三年的財務報告(Unaudited Financial Statement)及有關的證明文件，以證明申請人在過去三年已在英國開拓有關的市場。

其他要求

主申請人，配偶和子女需要通過肺結核檢測。

簽證年期

首次簽證為期三年，續簽為兩年，可在第五年申請永居。

居住要求

主申請人及配偶每年離境不超過一百八十天，直到取得永久居留權為止。

簽證條件

主申請人在持有簽證期間，只可在英國公司工作，不可以有其他工作或收入。

配偶取得簽證後可自由在英國工作，子女可享用免費中小學教育。

孩子的教育是移民的最大原因。

BY JANINE

差不多先生與不知道先生

BY EDMUND

這兩星期回港是三年多以來感受至深的，每天都在看著那場運動的發展，也哭了不知多少遍，朋友都叫我別走在最前，其實我根本沒有，這使我更難過，保護不了年輕人也守護不了香港。這陣子在沉澱在思考，我究竟算是什麼，將來又會在哪裡，其實就是身份認同及對未來的考量，或者兩年後會不會有另一個決定，我真的不知道。

一九一九年的預言

最後也要放下手機，只想離開現實，閉上眼睛休息一會，卻又迷糊得像在夢遊中，想起中學國文課本的某堂課，老師教的是胡適先生發表於民國一九一九年的《差不多先生傳》。

課文像放映機在腦海中重溫一遍，恍然大悟，原來說的是很多年後的還有一些人，他們總是看著CCTVB的所謂「新聞」，偏聽某些什麼資料也沒有什麼也不知道的記者會，總是相信極權的謊言，因為他們就如差不多先生。

「差不多先生有一雙眼睛，但看的不很清楚；有兩隻耳朵，但聽的不很分明；有鼻子和嘴，但他對於氣味和口味都不很講究；他的腦子也不小，但他的記性卻不很精明，他的思想也不細密。」

二零一九年的謊言

卻原來，一百年後的二零一九年，香港也有了「不知道先生」。教育局發出開學指引，提及教師「可能不知道用什麼字眼向學生解釋社會當前的狀況」時，可表示「不知道」。

可能有些高官又或有些窮得只剩下錢的人以為，香港年輕人的死活跟自己毫無關係，只要自己感覺良好可以肚滿腸肥就可以了。正如差不多先生差不多要死的時候，說道：「活人同死人也差不多，何必太認真呢？」

故事最後是這樣的，差不多先生說完了這句話就絕了氣。

最近我終於也看懂了蘇聯作家、諾貝爾獎得主索忍尼辛（Aleksandr Solzhenitsyn, 1918-2008）的名言：

「我們知道他們在說謊，他們也知道自己在說謊，他們也知道我們知道他們在說謊，我們也知道他們知道我們知道他們說謊，但是他們依然在說謊。」

最新英國移民政策解讀

BY JANINE

英國移民法例每年均會作出至少兩次的修訂，當不少人以為二零二零年因為疫情而不會有太大的變化時，移民局卻在此時推出了最新的移民法修訂議案，新政策會於六月四日開始生效，不少正在籌備申請簽證的人都會擔心自己會受影響，不過只要符合資格又跟足規矩，其實不用太擔心。

以下是英國海外公司首席代表簽證最新的重點改動：

申請人的技能、經驗和知識

英國海外公司首席代表簽證早已推出多年，早年大部分的申請是為了公司業務擴展，申請人大多為公司受聘的員工，公司特意聘請其回來作出培訓，再委派到英國擴展業務。

自二零一九年英國移民政策作出了改革後，不少準申請人改而考慮此簽證作為移民途徑，當中有些是公司長期員工，有些是公司創辦人，也有些是為了簽證的緣故而新入職的申請人。

有見及此，移民局在是次的修訂議案中，特別強調真實性的重要，審批過程中亦會進一步考慮申請人是否有相關的技能、經驗和知識，以致可在英國公司作出全權的決策權。另外，申請人亦需證明申請簽證的目的是業務所需，並不是單單為了移民。

對於擁有相關行業多年資歷的申請人而言，是次改動不會有太大的影響，但對於一些在該行業經驗尚淺的申請人而言，則要更著重證明自己擁有相關的技能和經驗。

海外公司的結構

對於海外公司的結構，修訂議案中亦作出了明確的指引，除了可以是有限公司 (Limited Company)，也可以是獨資經營 (Sole Proprietorship) 或合夥形式 (Partnership agreement) 等。

配偶的角色

自二零一九年年底開始，由於申請人數大幅上升，

多了申請人需要接受面試，其中一個常見的面試問題是，配偶在該公司是否有任何股份或職位？由於通過這個簽證而申請的公司只能委派一位申請人到英國，如申請人和配偶兩位都在公司持有職位和股份，移民局會有所懷疑申請的真實性。

因此，在新政策下，如果配偶是一起申請簽證的話，並不能是公司的大股東或擁有擁有公司的主要決策權。

移民解讀 — 移民局的面試

近年由於申請人數大幅上升，多了申請人需要接受面試，移民局的面試一般會以phone call或video call進行，申請人需要熟讀商業計劃書及所提交的資料，面試所需的時間為一至兩小時，可以選擇以英語或廣東話進行。

根據我們與客戶一起參與面試的經驗，讓我們知道了現在公司的財政狀況，例如是否賺蝕？申請前股份有沒有轉動？公司股東與申請人及其配偶的關係等，都成了重要的考慮因素。想拿到這個簽證的朋友，就要提前做足準備了。

十年後或現在失去

成功續簽後的一段日子，仍陸續收到朋友們的祝賀，感謝您們，都在心了。是的，心總算定了下來，卻又想著的是未來的未來。

移居英國的故事，斷斷續續都寫了四年多了，原意是記下整個申請企業家簽證的過程，因為恐怕將來忘了，後來也寫了不少在英國的生活日常，以及對香港的情感，還有思念的某些事。

我寫故我在

也有從未見過的朋友告訴我，因為我的故事和記述，使他們有勇氣和堅持，下定決心移居了。我從來也沒想過，我的文字會給予您們這些能量和鼓勵，或許這正是我不肯放棄文字出版的原因。

當然也有人對於我寫的不以為然，冷嘲熱諷的教訓著。我想說，我寫故我在，我的故事我的情感只是我的事，不喜歡的就把我忘掉吧，不回應了。

我還是會繼續寫下去，寫我喜歡的事想念我在乎的人，記下我的思緒片段，最重要的是寫我想寫的故事，不管別人喜不喜歡，也只能如此了。

在移居英國前的多少年，一直都參加不同的遊行靜坐抗爭，盡的只是一個土生土長香港人的一分力，為的，是我所愛的香港。

只差你共我

五年前夏秋之交的那場運動，眼淚都流乾了，明白到未來的不可測，決定移居英國，直到我懷著歉咎離開香港，單程機票往英國的那天，我知道，我還是愛著香港。

移居後，依然思念著從前，牽掛著香港，仍然想香港好，就如上世紀八、九十年代，雖然我也知道不可能。

我想說的是，逃犯修訂條例，我們沒有退讓的可能，只要我們仍然會說自己是香港人，還有所愛的人在香港，無論身在任何地方，可以的話，請盡一分力。

或者，那天之後，香港，再沒有然後，可能就是只差你共我，沒有好好的守護，我們所愛的，香港。

帶著家族事業開拓新天地

移民，對於不少人而言，可能是遙不可及的事，當中的決心和勇氣，大概正正是成功的關鍵。

她的故事，源自於對孩子對小動物的喜愛……

「最初我並未有很大的決心要移民，一開始時只是因為大兒子很喜歡小動物，希望日後可以從事有關的科研工作去給小動物更好的照顧，這類課程在香港並不存在，所以便打算給他安排到外國升學。

作為父母的心痛

但二零一九的大半年，香港的政治環境不明朗，每次從新聞片段中看到年輕人被拘捕時受傷，往往在角色代入時感覺到為父母的心痛。為人母親的我思前想後，便索性安排全家人一起到英國生活。」

申請 Sole Representative 簽證對她來說其實是個最理所當然的選擇，因為她從小到大一直都在幫忙打理家裡的生意。如果要到外國去，把家裡生意帶到新地方開拓市場，自然是最合理的選擇。

「最幸運的是，我們一家人感情關係很好，雖然香港的生意做得不錯，但我和兩個妹妹都從來沒有私心想要比對方得到更多。」她分享說。

就以這次申請簽證為例，雖然妹妹們都有想過可能離開香港，但由於每間公司只能委派一位海外代表到其英國公司工作，家人卻願意把機會留給她，並全力支持她的決定。

家人支持的重要

當然，有家人的支持是令到她走得更易的重要原因，但問題是，經營家裡生意她是駕輕就熟，對申請簽證的事，她卻是一竅不通。後來，她在教會朋友的介紹下找到了我，給我打過一次電話，約見了一次後，便立刻立即決定要辦理申請。她是一位比較心急的人，二零一九年十一

Shirley與孩子在英國學騎馬

月的時候香港社會動盪不安，鬱結難耐，她更希望可以盡快離開，所以當決定走，她就要立即走。

那時候大部分的申請都要花三、四個月的時間，而她卻只花了兩個月便完成，只因她非常配合，文件準備得很完整，每次當我們告之需要任何的修改，她總是第一時間立即做好，整個過程因而變得順利。

簽證獲批的短短幾個月後，她已經身處英國，買好了屋，接下來還得安排孩子的學校，然後就可以專心店子的開張了。有著家人的支持和幫助，加上來到英國認識的新朋友們，都給了她很正面的鼓勵。願她一切可以順利，在英國把家族事業一直擴展下去。

一移民解讀一 將家族生意帶到英國

英國海外公司首席代表簽證為近年最熱門的簽證，很適合有意帶著家族生意到英國創業的申請人。申請人只需要一直維持著英國公司的業務，在英國開拓有關的市場，便可以在連續於英國居住五年後申請永居。

自信可改變未來

BY EDMUND

二零一九年香港政府因為陳同佳案，推出逃犯條例修訂草案，引發了一場波瀾壯闊的社會運動，亦令不少香港人對政府死心，落實移居的決定，我的朋友及網友不斷問我英國的情況，以及移民的方案，其實我在專頁及二零一八年出版的《只想追趕生命裡一分一秒 移民英國解讀101》都有詳細記述，以下是我覺得重要的事情，再次說明，我不是專家、律師、又或移民顧問，請查詢英國內政部及可信任的專業人士。

英國創業的不容易

1）我是在二零一六年獲批英國企業家簽證，二零一九年三月順利續簽，二零一九年四月推出的初創者簽證（Start Up Visa）及創新者簽證（Innovator Visa），我是不熟悉的，相信直到現在香港的成功個案仍然很少，所以只能查詢可信任的專業人士。

2）我是自家經營我的媒體生意，但早前企業家簽證有不少商業配對、特許經營、保證回報方案都分別出現不少問題，我想說的是，以上的種種方案，已有經營不善、爛尾，又或不符合內政部續簽要求的個案，最差的情況可能是資金用完，續簽失敗，被迫返回香港。所以建議準備申請初創者簽證及創新者簽證的朋友，謹慎為上。

3) 就算初簽成功，其實只是挑戰的開始，在英國創業及營運生意絕不容易，相信不少企業家簽證的同路人都知道，我們都是咬緊牙根努力著。簡單如開商業戶口、聘請合資格員工、租辦公室或店舖等，都有很多事情要留意或有不少陷阱。

勿對過分憧憬

4) 創業的同時又要在生活上的適應，我只能說居住不同旅遊，不少朋友選擇在六至八月到英國考察，這是全歐洲最好的天氣，但十月到三月的冬天陽光少，下午四時多已天黑每天都天陰下雨，這種天氣使人鬱悶難耐。

5) 香港面對很多很多問題，我是完全清楚的，這亦是我五年前的預計，當年說我過分憂慮的朋友，都紛紛申請移民了。我常說，上世紀 80 年代的移民是對未來的恐懼，這幾年的移民是對未來的絕望。但我還是要說，移民不能解決所有問題，亦切勿對移居生活有過分美好的憧憬，因為我們同樣面對不同的疑慮，最後的忠告是切切實實的計劃及執行，不要輕信「很著數」的移民方案。

直到現在，我依然經常提醒自己，毋忘初衷，最緊要記得自己為什麼要移居英國，各位同路人，共勉之。

為了未來 她一往無前

很多香港人移居英國後，會開設自己的公司嘗試創造出屬於自己的一片天。但創業本來就難，在外地創業，過程之艱辛就更不為外人道。不過清楚知道自己想要追求的，是家人的幸福，那份勇氣就無人能阻。

「孩子的教育，是我申請移民的最大原因。由很早開始，我就感覺孩子在香港讀書，有著無比巨大的壓迫。那種壓迫不單是對小孩子而言，對我來說也一樣。記得二零一八那年，經歷過社會運動的挫折後，我對香港的政治環境感到很悲觀，而且感覺孩子的未來也將大受影響，於是我便起了移民的念頭。

急性子也要認真考量

我是個一決定了就要急著做好的人，不想拖拖拉拉，只想灑脱一點。那時候我根本沒想過會發生二零一九年那場新的運動，直到後來朋友都説我做的決定合時。」

BY JANINE

我們的奇妙緣份就在這裡開始，當時她在網上找尋一些和移民相關的資料，並找到了我。雖説她是一個急性子的人，但移民大事始終不能輕率。在找到我之前，她有比較過其他移民公司，只是每每上到那些公司，總是被游説以注資別人公司的形式去申請簽證，聽起來總覺得靠不住。

到了後來的見面，她把自己的故事細細講述，我一邊聆聽，一邊為她準備計劃書，到後來入紙申請，事情在她沒有想過般的順利下，一轉眼間，她已經和家人在英國住下來了。

當然這只是個開始，在英國開展事業，可以説一點都不容易。她本身的專業是跳舞，最初的計劃是開設 Studio Café，但來到之後卻不敢輕率地作大額投資，因為英國人消費習慣和香港非常不同。例如她在香港教班，都是教一般初學者，收的學費與這邊相比之大，在剛開始實在有點令她措手不及。

挑戰才剛開始

人生路不熟，很多事情在香港時只能想像，來到才往往發覺那是完全另一回事。以往在香港的那份財政上的輕鬆，難

May獲得在英國舞蹈獎項

以很快可以在這邊重拾，但她卻沒有後悔，因為生活上很多其他方面的改善，卻也是香港完全比不上的。

現在她還在一邊摸索一邊前進，事業上的挑戰不小，但她的內心卻充滿愉快，因為在這邊她遇上許多的新知舊友，大家都願意互相支持。作為香港人，我們有的是彈性與堅毅，沒有甚麼事是不可以戰勝的，她相信自己可以，希望大家也相信自己可以。

一移民解讀一 免費入讀幼稚園小學和中學

孩子的教育，是大部分香港人申請移民英國的最大原因。凡持有英國居留簽證的學生都跟英國本地學生一樣，可在英國免費入讀幼稚園，小學和中學。

有關每間學校的排名和報告，可參考Ofsted Report (https://reports.ofsted.gov.uk)

面對去或留徬徨怎決定

不少朋友還在猶疑是否作出移民的決定，可能是自身條件或財務狀況只是剛剛好，他們問我意見，其實是希望我可以多給一點正面的支持，我會明確表示不會「代」為決定，但有些事情還是要說明的。

二零一九年初朋友問我，網上傳聞說英國內政部即將改例，會將企業家簽證的投資金額由20萬鎊調整至50萬鎊，問我可信性有幾大。其實我們一般人又怎會知悉呢？只是未發生的事，就總有可能或不可能吧。

不可預期的移民條例更改

最後英國內政部在二零一九年三月公布，二零一九年四月推出的創新者簽證及初創者簽證，而企業家簽證不是修訂，而是取消，很多未準備好的朋友，只有望門輕嘆。

再回到二零一四年，內政部調整 Tier 1 investor 投資者簽證金額，由100萬鎊上調至200萬鎊，只是三個星期通知，並且加設很多投資上的限制，就是這樣，不少僅達標未及申請的人因此無功而還。

取消了企業家簽證後，最近海外公司首席代表簽證的申請者不少都要面試，審批已較之前申請嚴格了不少，而且成功率亦降低。

做好準備再作決定

我跟朋友説，若果決定了就盡快執行吧，若仍在猶豫，就做好前期工作，例如將足夠金額放在銀行、搜集好銀行月結單、報名考英文雅思考試，又或將申請者在香港的大學學歷轉做英國認可學歷，以轄免考英文試。

不要看輕這些工作，是十分鎖碎及頗麻煩的，但申請者缺一項文件也可能失敗。

最重要的，無論是海外公司首席代表簽證、初創者簽證及創新者簽證，當然是想清楚商業計劃書的行業和內容吧，我仍然相信，自己營運是最理想的。

決定移民不是易事，我一直説除了決心都是決心，一旦決定了，就盡快執行吧，移民條例收緊相信是很多西方國家的共識。

香港的狀況大家都清楚，其實無論去或留到最後都是自己的決定，結果也得自己承受和接受。

你快樂，所以我快樂

在香港，我們有意無意間會被周圍的壓力逼著自己向前行。對小孩子教育的扭曲觀念，可以構成的傷害難以想像。看到自己的偏執，卻驚醒最大的快樂其實只不過是一個簡單願望，走上移民之路，為的是可以變回最溫柔的媽媽。

「我和丈夫一直以來都很渴望可以有自己的小朋友，而孩子降臨時我年紀都已經不輕了，我知道他就是我一生中最大的禮物，而我也好自然地把他放在我生命中最重要的位置上面。

K1補習數學的荒謬

不得不承認自己是個虎媽，那時候孩子剛出世，我便已開始計劃他的學習和教育。記得那時孩子因為是細B，我又不想讓他多等一年，便早早送他到幼稚園去。因為他比其他同學年齡較小，在幼稚園學習就顯得比較慢，那時候學校跟我說最好帶他去補習數學。當時我一聽，心裡面幾乎『轟』一聲。

Ada 現居牛津，每天孩子放學後，她都會拖著他的手，在公園散散步餵餵鴨子

我並非擔心他的能力比不上別人，而是突然意識到香港的教育制度和人們的觀念，原來是這樣。孩子當時連K1也未算，而上的那學校，也不過是我家樓下的普通屋邨幼稚園，絕非甚麼九龍塘名校，當時我突然明白到，這樣子真的很錯。這就是我們一家人決定移民的緣由。」

想到便行動是她的個性，從事家具營銷行業已經有很長的一段日子，在香港時她曾經打過工，後來覺得自己開公司也做得到，所以試過創業，成績亦算不錯。當她起了移民的念頭時，本也一心打算以企業家簽證形式在英國開設自己的公司，一切照計是順理成章。

為了孩子，什麼也不怕

這時候她找到我，我靜靜地聽著她的想

法，給予她建議。一開始時，她本來是打算申請企業家簽證，但經過評估，我們建議 Sole Representative 更適合她的背景，因為這種簽證沒有指定的資金要求，如此一來，她的資金安排就變得更靈活了。

後來，申請簽證的順利程度出乎她的意料，就連面試也不用，她便已經獲批。雖然申請簽證時一帆風順，可是公司發展才是她真正要面對的挑戰。

二零一九年來到英國，正著手籌備傢俬公司的營運，但剛剛就在要正式開展業務的時候，卻碰到了疫症的問題。不過她一點都不擔心，除了因為她對自己和公司都有信心之外，更重要的，是她在這邊找到了真正的快樂。「其實開心很簡單，就是你喜歡的人開心，你就開心了。」

聽著她的分享，想著心裡所愛的，其實只要你快樂，我就快樂了，不是嗎？

移民解讀 英國海外公司首席代表簽證較具彈性

英國海外公司首席代表簽證的好處，在於此計劃沒有任何指定的投資及聘請員工要求，申請人只需證明母公司有穩定的財務狀況及已預留充足的資金作英國創業之用。

BNO 申請簽證的優點

落實申請移民英國之前，像我一樣的香港人，可能會有一個疑問：用特區護照抑或 BNO 作為申請證件好呢？五年前我有同樣的疑問，我只用了一分鐘去想，就決定用 BNO。

是的，相信對於審批簽證的部門來說，用 BNO 或特區護照應該不會有太大影響，但對於日後在英的生活，我在這三年多有點經驗可以分享一下，還是那句：純屬個人經驗，用哪本護照申請自行決定，詳情請查詢專業人士。

出入境

幾年後若取得 citizenship 資格當然有正式的英國護照，但若日後只取永久居留權，每次出入境就是靠申請者本身的護照及英國給予的 BRP/Biometric residence permits。換言之，若申請英國簽證時用特區護照，日後有永久居留權後出入境，都是用特區護照 + BRP。

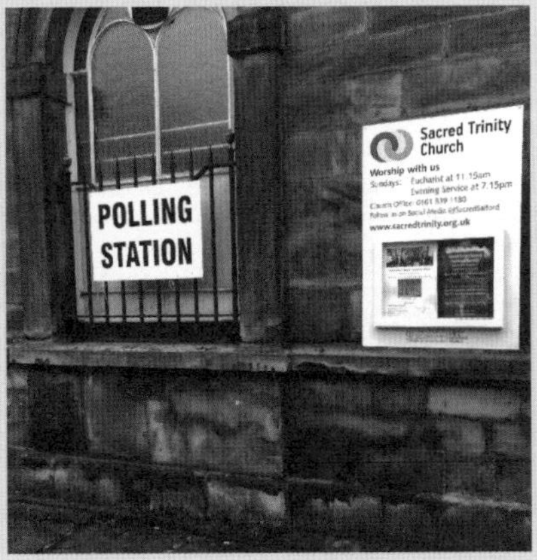

投票權

二零一七年六月脫歐公投、二零一八年五月市長選舉、二零一八年六月及二零一九年十二月的國會大選，BNO 持有人而在英國居住的，是有權投票的，特區護照是無這個權利，據聞特區護照在某些市議會是可以投票。

BNO 持有人怎樣才可以在英國行使投票權呢？記緊在所屬的 council 登記成為選民，在選舉投票前大約兩至三星期會收到 Poll Card，投票日多數是星期四，在當日去指定投票站即可。香港人爭取了多少年的真普選、政黨更替執政，在英國合法居住一百八十天的 BNO 持有人，已經有這個權利。

英國車牌

用香港車牌換英國車牌，BNO 持有人毋須寄護照正本，若是特區護照，是必須連同護照正本寄出。我的經驗是用 BNO，以香港 P 牌，換到英國正式車牌。

方法很簡單，先到 DVLA（www.gov.uk/exchange-

foreign-driving-licence）填表格，DVLA會寄一張實體表格給申請者，填好，連同相片、支票、護照（BNO就副本，特區要正本），香港車牌正本，香港考牌的黃紙，香港車牌會沒收，其他會寄回給申請者。大約兩星期就收到英國車牌。

警局報到

入境落地後，BNO持有人毋須向警署報到，持特區護照是要向警署報到，而每次搬遷，都要重新報到。

個人經驗

持BNO出入境、開銀行戶口、申請National insurance number等都算順利，相信其中一個原因是BNO係英籍，若用BNO申請並入境，日後有任何表格要填，除非有BNO揀，都係填英籍，就算有香港揀，都係選擇英籍。另外，絕不建議將特區護照及BNO交替使用，若是決定用BNO，特區護照就收藏起來吧。

最後，若在九七年政權移交前已有英國國民海外護照（BNO）的香港人，就算之後無續期，都可以補領取回，方法在網路上已有很多資訊，不再詳述了。我常說，BNO是香港人的一個身分，亦可能是最後一道活門，不要輕言放棄，至於是否「英籍」「有用」「無用」「平權」的爭議，不作任何評論，請見諒。

是的，我現在出入境仍然用BNO，很驕傲我是持有這本護照的真香港人，因為這是我們在特定時空和歷史下，香港人的身份認同。

一移民解讀一 在英國如何申請國際車牌？

去指定郵局花10分鐘及£5.5就取得了國際車牌，方便又便宜：

1）先到以下網址看看哪間郵局可以做國際牌
http://www.postoffice.co.uk/international-driving-permit

2）準備相片一張、英國車牌、passport（我是用BNO）

3）到指定郵局在counter 填表（非常簡單），付£5.5，只需5分鐘就取到正式的英國國際車牌。

4）英國取的國際牌，可以選擇由申請日起三個月內任何一日起開始計算，一年內有效，即七月一日申請，可選擇最遲十月一日開始生效，至明年九月三十日有效。香港申請的國際牌是申請日起計一年有效。

雨下的天空

雨下在窗前，滴答滴答敲打在玻璃窗上。

午後，電話如常響起，對方的聲線很沉重：

「剛剛在簽證中心取得了申請結果，對不起，打破了你們的 100% 成功記錄……」

第一次聽到有申請人這樣說，心裏很難過，我們經歷了多年 100% 的個案成功率，終於在二零一九年年底，首次在 Sole Representative visa 出現了申請不成功的個案。不成功的原因可以有很多，可能是公司的財務狀況，可能是申請人的背景，也可能是移民局的出錯。

從拒簽信尋找答案

「可以讓我看看拒簽信嗎？我想知道他們拒簽的原因，再看看

下一步要怎樣做。」

細看之下，發現信上提及公司的財務狀況，由於上一個財政年度出現虧蝕，移民局需要進一步審查公司及申請人的財務狀況，才再作決定。

從前Sole representative visa的申請比較簡單，不論公司是否賺蝕，不論是否有轉動股份，只要文件齊全，申請基本上都可以通過。但自二零一九年底，申請開始有收緊的現象，就像中後期的企業家簽證一樣，移民局開始更著重申請的真實性，部份個案亦需要補交文件或安排面試。

就像這個個案，移民局曾在審批期間，要求申請人在10個工作天內補交財務文件。只是當時申請人已經按著要求補交了文件，但移民局卻聲稱沒有收到。

申請行政覆核

「我們確實遞交了文件，不論是移民局沒有收到，還是收到了但是沒有審核，仍然是他們的錯誤，因此我們可以申請行政覆核（administrative review），要求他們重新審核申請。」

就這樣，我們一起開始了漫長的等待。雖然行政覆核的官方時間為28天，但確實所需的時間一般比較長。等了接近兩個月，就在今天，我們終於收到了的回覆，移民局表示他們確實是有收到補充文件，並會重新安排案件的處理。

故事說到這裏，當然還未完結，但想說的是，每一個個案對於我們而言，都是同樣重要。因為對於很多人而言，移民大概是生命裡其中一個最重要的決定，也有可能一生只有一次。

許多人問：今年英國移民政策改革，是否預計這項簽證會有收緊或取消的機會？

我們沒法預知未來，但是我們卻願意和每一位有決心又認真的申請者一起努力。成功，是我們一起成功；失敗，我們也一樣傷心失望。

無論將來怎樣，但願我們仍會像向日葵一樣，在夜裡默默的堅持下去。

移民解讀 — 拒簽後的關鍵28天

若簽證申請被拒簽，移民局會發出拒簽信，詳細例明拒簽的原因，申請人可以根據拒簽原因，決定是否需要申請行政覆核，或重新提交簽證。

若是移民局的失誤，申請人可在收到拒簽信的28天內申請行政覆核，要求當局重新審核申請，審批時間一般為一個月左右，其間申請人不能入境英國。

若是申請人的失誤，例如沒有提交正確的文件或未能達到足夠的資金要求等，可以考慮重整文件後再作申請。

還記得櫻花盛開

二零一九年三月初續簽成功後，總算舒了口氣，任性地給自己一個短暫假期，首先回到香港然後是東京，在香港的行程匆匆，處理了出版社的部分工作，跟我的作者談談新的出版計劃。回到英國的四月中旬已經有著二十度和暖氣溫，原來，初春已悄然而至。

在日本，有幸見到平成最後之櫻，是偶然，也是緣份，有時人與人之間也是如此，跌跌撞撞也遇不到，卻在某年某天卻碰上了你。

日本婆婆的約定

在新宿御苑見到獨自賞櫻攝櫻的婆婆，架著扶助步行的手推車，步履蹣跚的到某棵櫻花樹下，細緻的凝望著，似有萬語千言跟每朵櫻花傾訴，然後，提起她的長鏡頭相機，按下快門，拍下櫻花盛放的最美。

我在想，婆婆是不是每年也會到這裡呢？是不是跟她的最愛的約定呢？又是不是在某年錯過了某個他而充滿遺憾呢？或者我也是想得太多了。

平成最後之櫻

說我偏見也好，日本的櫻花是特別優雅和漂亮，就在新宿御苑盛放的櫻花樹下，許下了願，我們在某年某天，我跟你在這裡，手牽手說著我們的故事，我們才懂的悄悄話，或者到了那天，我們年紀也不再年輕，但時間阻不了我們，我的心裡有著你，就已經足夠。

我想到的是，我們的過去或將來都充滿很多如果，但過去了的我們不能改變，但將來的如果，依然可以由你與我去決定和掌握，前路未必如想像中平坦，但我知道，只要仍有人為了你去奮鬥，仍有你喜歡的某個值得你去奮鬥，也是幸福的。

初春來時，彼此閉著眼渴望未來。

找尋生命中快樂原點

BY JANINE

在香港擁有穩定的工作與收入，移民之路總易讓人猶豫不決。但沒有放棄那曾經以為重要的一切，就不會明白原來可以得到生命中真正的寶貴。在蘇格蘭悠然的這春天，她說著一個故事，正是大部分離鄉別井人們的寫照……

「我親哥哥在蘇格蘭生活了好一陣子，幾年前我和丈夫與女兒一同到 Aberdeen 來探望他，原本只打算放假過來輕鬆一下，沒想過這次旅程卻改變了我們的一生。說起來那時候我在香港生活，其實並沒有甚麼特別感到困難。女兒讀書不容易，但她其實也應付到。我自認是個虎媽，那時候和她一同溫習，壓力當然有，卻又並不足以叫我放棄。

至於我自己，在香港做著一份專業的穩定工作，即使經濟是好是壞也不會對我有影響，收入也相當充裕，物質上的要求基本上沒甚麼要我們憂心的。簡單講，我並不具備一個很強的理由去移民，而這念頭一開始，其實是來自我先生。他在香港的事業也發展得很順利，老實說當他剛跟我說要考慮移民的時候，我根本沒認真在聽。觸動他的畫面其實好簡單，就是那時女兒在蘇格蘭的草地上亂跑，她那快樂的神情讓我先生開始思考這件事情。」

快樂，其實很簡單

抱著一試無妨的心態，她便開始稍為搜集了一些資料，後來經過我們的傾談後，激起了她的決心，令她明確知道自己是想要走上移民之路的。申請的過程並不困難，到她一回神，便與家人已經定居了在Aberdeen了。

「如果你問我，現在的生活與過往在香港有甚麼不同。很坦白說，現在工作辛苦了很多。丈夫以前在香港的酒店廚房裡已經做到相當資深的管理層，來到蘇格蘭後我們開了這裡第一家港式茶餐廳。你可以想像得到，即使有額外請了幾位員工，但自己開餐廳，自然少不了要落手落腳。

現在一個星期要開六日工，體力消耗比起以前的工作完全是兩回事。加上這種生意要求很高的利潤，收入也遠遠不比從前。不瞞你說我也間中會想及是否辛苦了自己？又浪費了以前在香港努力讀書及考取專業資格？但我很認同半杯水理論，那就是你到底希望將焦點放在得到的？還是失去的？我們現時在蘇格蘭，生活物質的確無可能和香港相比，但一家人的生活品質，卻從未如此的高。現在我們一有時間，就會到公園玩，那份悠閒與輕鬆，是身處香港時無法想像的。

此外，我們的事業看起來也好像比不上舊時，如果只是從金錢方面看的確如此。只不過要是論工作滿足感，我會說現在所有的努力，卻又遠遠超過舊時。我們現在做的港式茶餐廳，食物都是我們自己好想吃的，因此我們會好用心地製作。

用心工作別人原來是可以感受得到的，這邊有好多西方人吃過都讚不絕口，甚至會一星期來幾次，有時還帶著一家大細，吃了好吃的更會特意走進廚房多謝我們，兩、三年間我們已經因此交了好多好朋友，那才真正的讓人感動。

這些種種，都是把我們帶回到生活最應該如此的原點，其他的，都不比這重要。」

Teresa的丈夫跟女兒最愛蘇格蘭的壯麗景色。

讀伊索寓言

一個人在不經不意下看了《命運之瞳》，想了又想，惟有記下來。

我們能否改變命運，改變了又如何，從來就是偽命題，但《命運之瞳》的結局依然使我感動得鼻子也酸了，然後又再落入如果五年前的我對於移居英國有另一個決定，今天又會有怎樣不同，結局又會不會迴異的沉思中。

活在平行時空

是的，如果命運能選擇，是好或不好，根本無從預計，因為現實是不能有兩個我活在平行時空，然後判斷我們某個又或哪個決定較好。當然，怎樣的決定是好什麼才是不好又是另一個無止的討論了。

《命運之瞳》最後的完結，有種「當下種的因」的況味，因為我們怎樣都不會知道，二十年前的一件事、一句說話、一個決定，會怎麼樣影響以後以後的所有所有故事情節，不止於自己，還有相知相交在身邊擦身而過認識又或不認識的某個以及那些事那些情。

不少人可能都在想如何重頭再來去改變當下的命運，或者我們更應該是活在當下，努力去經營未來屬於自己的一切一切。是的，我們從來都知道「往者不可諫，來者猶可追」，只是你有沒有勇氣去面對未知的將來呢？

讀伊索寓言

朋友常說我不夠正能量，正能量不是不好，但太依賴就會失去自我療癒能力，又記起中學的課本錢鍾書《讀伊索寓言》的一段：「我認為寓言要不得，因為它把純樸的小孩子教得愈簡單了，愈幼稚了，以為人事裏是非的分別、善惡的果報，也像在禽獸中間一樣的公平清楚，長大了就處處碰壁上當。」

明白人生必須充滿跌撞，接受她的不完美，才會懂得追求自己想要及想過的日子。

CHAPTER THREE

如果，命運能選擇

投資者簽證／創新者簽證／初創者簽證

投資者簽證

投資者簽證是為有意到英國投資的人士而設，以下為現時移民法的申請要求：

申請年齡

主申請人為 18 歲以上，配偶及 18 歲以下的子女可隨同申請。

資金要求

主申請人需要持有至少 200 萬英鎊（等值約 2,000 萬港元）的現金存款，存放在受金融監管局監管的金融機構，並證明資金可以自由轉到英國。

資金來源

主申請人需要提供申請前過去兩年的資金來源，如主申請人一直以現金的方式持有，需要提交過去兩年的銀行帳單，清楚列明過去兩年的帳戶記錄。貸款或物業抵押的資金不能計算在內。

如主申請人的資金來源為第三方轉贈、物業或資產的出售、企業利潤或遺產等，則需提交有關的法律文件及律師信，解釋資金來源及證明該資金可供申請人到英國投資之用。

投資銀行

主申請人需要在申請前先開立英國投資銀行或金融機構的帳戶，有關機構需要受英國金融行為監管局（Financial Conduct Authority）監管。

主申請人需要向銀行提交有關的財富來源（Source of Wealth），銀行需對申請人進行嚴謹的盡職調查（Due Diligence Checks）以及背景調查（Know Your Customer Enquiries）。

投資產品

成功申請後，主申請人需要在登陸英國的三個月內，把 200 萬英鎊全數投資英國註冊公司的債券或股票（UK corporate bonds or shares），申請人可以根據投資銀行所提供的服務，一般分為 Execution Service 和 Discretionary Service，自行決定投資組合。

申請人所投資的公司債券或股票不能與物業投資、物業管理或物業發展的公司相關。

如在簽證期間放售投資產品，不論盈利或虧損，需要在下一個 reporting period 前把賣出金額全數再作投資。舉例說，若投資的售出價為 210 萬英鎊，需要把全數的 210 萬英鎊重新投資。相反，若售出價為 190 萬英鎊，申請人只需把 190 萬英鎊重新投資便可，不需補倉。

投資年期

投資 200 萬英鎊，主申請人，配偶及子女可於五年後申請永居。

投資 500 萬英鎊，主申請人可於三年後申請永居，配偶及子女可於五年後申請永居。

投資 1,000 萬英鎊，主申請人可於兩年後申請永居，配偶及子女可於五年後申請永居。

當主申請人取得永居後，可賣出所有的投資產品，取回本金及利息。

居住要求

主申請人及配偶每年離境不超過180天，直到取得永久居留權為止。

其他要求

主申請人，配偶和子女需要通過肺結核檢測。

主申請人和配偶需要提交無犯罪記錄證明。

簽證條件

主申請人及配偶取得簽證後可自由在英國工作，子女可享用免費中小學教育。

一移民解讀一 投資者簽證的重要提示

投資者簽證的申請關鍵在於資金來源，受到近年英國金融機構對於反洗錢等的顧慮，英國移民局在二零一九年法案修改時，加強了調資金來源的穩定性和合規性審查。

申請人的資金來源證明由從前的三個月，增加至兩年，申請人需要提供準確的文件，以證明過去兩年均持有相關資金的證明，如移民局懷疑申請人的投資資金為非法獲得或沒有該資金的控制權，又或投資不利於英國公眾利益，申請將被拒絕。

另外，雖然申請人可以利用港元、英鎊或任何其他貨幣存款，但若資金分佈在多個不同的銀行賬戶，兩年間又有比較多的交易，文件相對會比較繁複。若想簡化申請過程，建議申請人盡早把資金整合，盡可能放在一個銀行賬戶。

然後，還有兩年

朋友問我：如何總結二零一六至二零一八年英國初簽這三年的歷程呢？

我回答說：看我上一本書吧，是我由二零一五年準備申請移居英國，到初簽成功，然後在英國營商和生活以及心路歷程的最詳細記述，要說的都在這了。

二零一九年五月，亦是移居英國整整三年了，身邊的人和事也有了不少轉變，香港的改變不用多說，無力感；我在三月初成功續簽企業家簽證，但企業家簽證卻在三月底劃上句號，就像二十多年前面對主權移交，我們終將再次走進歷史，突然有種不懂如何書寫下去的無奈。

五年的歷練

二零一九年三月續簽成功後，有些朋友以為我的移民之路完成了，其實我還要多努力兩年，才能取得英國的永久居留權，如果要取得英國護照，還要再多待一年，是的，我一直都說，這是一場五年的歷練，初簽只是小測試，三年四個月的經營及續簽才是真正的考驗，隨後的兩年也不能掉以輕心。

有關英國企業家簽證續簽後，內政部還有什麼要求，我所知的如下，我不是專家，詳情請查詢英國內政部：

1）企業家簽證續簽後，生意還要經營多兩年，直到申請永居成功。認識有些朋友會經營另一盤較易處理的生意，而我仍會堅持繼續我的書店及實體雜誌，但在經營模式上可能會作一些調整。

2）在這兩年內，仍然要聘請兩個全職員工至少十二個月，記緊保留員工的護照副本及 pay slip 等，若果之前有員工離職了，續簽後建議盡快聘請，因為只有兩年時間。

3）在這兩年，律師仍建議生意至少要有收支平衡，當然有盈利更理想，主要是申請永居時給內政部知道申請者有持續經營能力，記緊仍需要呈交兩年的 financial statement。

毋忘初衷

續簽後，確實開心了好一陣子，始終是三年來努力的肯定，但在未來兩年，我仍會毋忘初衷，緊記四年前帶著最大的勇氣和決心，申請企業家簽證及移居英國究竟是為了什麼，我在將來又是追求些什麼。

我真的有點倦了，但我依然會努力堅持下去，因為人生最大的欣慰在於，還有一些事一些情值得你去奮鬥。

然後，還有兩年。

讓挑戰豐富生命

BY JANINE

拿著各種商業簽證移居英國的朋友裡面，有部分人只將創業視為拿得居留權的跳板。但也有人覺得，既然是一次全新的體驗，何不做得更好？就把握這個機會去創造一個屬於自己的企業，不枉付出的金錢與時間，好好活一場。

「如果你問我移民的理由是甚麼？我可以給你數很多個，但簡單地說，就是香港變了。近幾年香港給我的感覺，是她徹底地病了。

那時候我家住天水圍，小孩子到了升學的階段，當時那邊的教育制度本來就已經不能叫我信服。給他找學校時我們幾乎跑遍了區內的所有學校，為的不是想要找甚麼名校，只不過想有一家可以是講廣東話、教繁體字的，怎料卻難比登天。

論生活環境，印象中小時候香港那種簡單的人際關係早已不復存在，人們為了名與利爾虞我詐，大家彷彿甚麼事都只向錢看，人情味淡泊難尋。

再講到營商與發展環境，在香港我發現要求公平這麼卑微基本的願望，卻早已經變得奢侈。

不同的界別裡，一個個小圈子，講究的不是能力與良心，而是權勢與財力，我們作為小市民，幾乎連存在的空間都沒有。所以，離開就是我認為最合理的出路。

只想好好生活

最初我先考慮移民的地方並不是英國而是澳洲，不過因為申請時分數不夠而沒辦法成功，於是才轉而嘗試英國。那時我花了很多時間去找資料，發現不少人會找代理安排辦理簽證，但卻有不少人被中介誤導了而損失金錢和時間，聽起來教我相當氣餒。」

最後，她找到了我，在我們的努力下，她在二零一九年五月正式和家人搬到英國來了。

「拿簽證算是非常順利，但真正的挑戰，是來到英國開始經營公司才正式開始。我在香港的專業是做室內設計，過來時開設自己的公司，難關卻實在不少。既沒有人際網絡，而且這邊人們的消費習慣也相當不同，因此在營運方針甚至在服務內容上，我都得作出巨大的調整。

然而公司不易做，卻一點沒有嚇怕我，反而教我相當享受。或許是我曾經歷過一次大病，對於生活的體驗會更覺珍惜。就好像很多人都會說的那樣，我要的是生活，不是生存。兩者最大的分別，並不是指我要有甚麼享受或者要擁有幾多物質。

我所期望的，是既然來到了一個全新的地方，就該好好地感受這裡的生活，好好地融入這邊的社區。我想要認識這邊的新朋友，不想抱著那個深水埗買的電影盒子過幾年停滯不前的日子。

生意難做，但過程無比珍貴。由一開始自己已經知道不希望把錢放低就算。我期望可以做點實事，甚至乎嘗試 make it bigger，不想浪費一分一秒。因此在過程中，我可能會花費得比別人更多，但如果因此而可以讓自己公司的出品更有質素，我絕對不會吝嗇花錢，並做出最好 Quality 的工作與產品。能夠這樣 enjoy 自己的工作、enjoy 生命，比起一切都更有價值。」

Yan在曼城附近開設室內設計公司，接下來更會利用門市開始設計家品，創造屬於自己的品牌。

永不放棄，永不絕望

小時候讀到「不自由，毋寧死」，會覺得不以為然。

長大了，經歷過這麼多，終於都明白，自由，不是理所當然，而且得來不易。

英國的疫情仍未完全退卻，但香港情況已經到達忍耐的臨界點的情況下，朋友問我移居的意見，我只是回應：自由不是與生俱來，是要付出代價的，你又願意在疫情高峰期留在英國，共同進退嗎？

天國近了嗎？

我們都要有心理準備，我們移居的不是天堂，同樣要面對很多的挑戰和考驗，要有決心完成整個移居過程，也不是容易的事情。但對於已經完全沉淪的香港，怎樣選擇呢，最後也是要自己決定和承受。

我完全明白今天的香港，又回復到去年的模樣，心痛未能走在前面，我仍然會堅持下去，直到有一天，我們在香港，什麼也不怕，再次肩並肩，繼續走下去。

做好自己作為一個人

有時，我們先要做好作為一個人，先對得住自己，其他人，又管他呢！

英國封城四十六天後的五月八日，英女皇在晚上向國民演說，藉著二次大戰歐洲勝利日七十五周年，鼓勵國民，面對沉重的疫情，懷著希望，永不放棄，永不絕望。

Never give up, never despair.

創新者簽證

創新者簽證是為有意到英國創業的人士而設，以下為現時移民法的申請要求：

申請年齡

申請人為 18 歲以上，配偶及 18 歲以下的子女可隨同申請。

資金要求

主申請人需要持有至少 5 萬英鎊（等值約 50 萬港元）的現金存款，存放在受金融監管局監管的金融機構，並證明資金可以自由轉到英國。

申請人可選擇以個人或團隊形式作出申請，如果以團隊形式作出申請，每位主申請人需要持有至少 5 萬英鎊，即兩個家庭一共 10 萬英鎊。

另外，每位主申請人需要持有 945 英鎊的生活費，每個家庭成員需有 630 英鎊生活費，存款期為 90 天。

英文要求

如申請人持有美國、加拿大、澳洲、新西蘭等英語國家的國籍，可自動符合英語要求。

如申請人持有英國本科或以上的學歷（即 Degree/Master/PHD，注意 Diploma 或 Associate Degree 並不認可），只需提交英國的畢業證書，便可自動符合英語要求。

如申請人持有的學歷是由英國以外的大學頒發，需要提供有關的成績單和大學信件，證明學歷為英語授課，然後向英國機構 UK NARIC 作出申請，確認學歷等同於英國本科或以上的程度。

如申請人沒有以上學歷，需要達到 CEFR B2 水平，可報考 IELTS for UKVI（General Training）考試，並於聽、說、讀、寫，四份考卷中各自取得 5.5 分，證書的有效期為兩年。

認可機構

申請人需要具有創新、可行和擴張性的創業計劃，並通過移民局的授權機構取得Endorsement letter，確認其創新、可行和可擴展性的業務理念。

直到目前為止，移民局的授權機構共有接近40間，主要分為三類：英國本土銀行、風險投資公司和科技研發公司。每間機構每年平均有25個限額，部分機構有指定地區限制及其偏向的行業。

其中銀行和部分科技公司需要申請人親身到英國參與指定的accelerator/incubator programmes，為期由幾星期到幾個月不等，待計劃完成後，會為合適的申請人頒發Endorsement letter。

永居要求

首次申請成功後，主申請人會獲批三年的簽證。授權機構會在三年期間密切監視申請人的生意進度，並會在第6個月、12個月和24個月進行評估，確認申請人是否在創新、可行和擴張性的創業計劃取得合理的進展。

如申請人在三年內達到以下七項其中兩項的要求，便可申請永居：

1）投資至少 5 萬英鎊於其生意上

2）客戶數目在近三年內增長達兩倍，並高於英國本土企業的平均客戶數目

3）從事重要的研發項目，並已在英國申請知識產權保護

4）最後一個財政年度的全年總收入達 100 萬英鎊

5）最後一個財政年度的全年總收入達 50 萬英鎊，其中至少 10 萬英鎊為出口海外生意

6）創造至少 10 個工作職位，需聘請英籍或永居人士

7）創造至少 5 個工作職位，年薪最少達 2.5 萬鎊，需聘請英籍或永居人士

居住要求

主申請人可於三年後申請永居，配偶及子女可於五年後申請永居。主申請人及配偶每年離境不超過 180 天，直到取得永久居留權為止。

其他要求

主申請人，配偶和子女需要通過肺結核檢測。

簽證條件

主申請人在持有簽證期間，只可在自己創立的公司工作。配偶取得簽證後可自由在英國工作，子女可享用免費中小學教育。

移民解讀 — 授權機構的Endorsement letter

首簽申請關鍵

雖然移民局並沒有行業的限制，但鑒於整個簽證申請計劃的關鍵，在於申請人是否能通過授權機構而取得Endorsement letter，因此申請人除了要有創新可行的計劃外，更要選擇合適的授權機構，並符合其指定的準則。

永居申請關鍵

如申請人未能在三年內達到以上七項其中兩項的要求，可考慮申請續簽，再獲批三年的簽證，直到申請人可以達到有關的要求，再申請永居。

賣書者言：堅持紙本出版

二零一九年末，香港難得的獨立書籍發行商里人文化，是不少獨立出版社的共同體，終於也宣布結業，我在香港出版行業日子也不算短，當然明白出版社／發行商／書店唇齒相依，最後都是倚仗讀者，讀者不買書，以上三者同樣都會難逃厄運。

讀者不買書，出版社和書店自然做不下去，香港如是台灣如是英國如是，這是很簡單的道理。是的，文化，也是要以金錢去維生的。二零二零年三月，香港有 16 間分店、新加坡資金的大眾書局也宣布結業。

大學實習同學的反思

我經常要強調「買書」，無論實體書或電子書，請務必購買正版，請不要再到某國的某些網站免費下載根本從來未經授權（即是翻版）的書本，每次我見到某些人公然交流非法免費下載的經驗，都很痛心也無奈。

到英國前的接近持續十年，我擔任香港某大學社會學系的實習導師，Year 2/3 的學生會到我出版社作有學分的 100 小時實習，我都會給以下問題給他們作反思：100 元一件 T Shirt 不算貴，甚至可能穿著一年就棄掉，但 100 元一本書為什麼覺得貴，為什麼喜歡也要在盜版網站非法下載呢？

沒有人買書，又或只看某國免費網站上的盜版書，最後，我們喜歡的作者，也沒有生存空間，再沒有下一本了，也沒有然後了。

不需要文化人的光環

我只能說，這樣持續下去，不用十年，香港再無本土出版，你喜歡的作者亦會消失，剩下的，都會是官媒及某國資本的出版社，出版自由，當時也不存在。

有些作者跟我說，你是文化人。其實我不是，我亦不需要亦文化人的光環，不要那麼計較金錢，要為文化努力，所以要為他出書，我只能說，我們沒有大財團支持沒有政府資助，每一分毫也只是用作糊口，僅此而已。

是的，對於紙本書籍，我還是有點執迷不悔，在香港的出版社還是會繼續，在英國的紙本雜誌還希望堅持，作為香港人，有可為有不可為，這點我很清楚，只想為香港的本土文化和出版留下可持續發展的可能性。

團隊申請

BY JANINE

二零一九年十一月，深秋。香港的情況，大家都懂。

那段時間，查詢創新者簽證的準申請人特別多，現時的創新者簽證仍能夠以團隊的形式申請，每人各投資5萬英鎊，一起經營創新的生意，查詢這種方式的人為數不少。

想起以前企業家簽證的年代，也曾辦理不少團隊申請，申請人的關係為家庭成員或生意夥伴居多，雙方的互相了解及信任是非常重要的。若兩位申請人各自擁有不同的經驗或技能，便能互相配合，為企業帶來正面的幫助。

對於以團隊合資的申請，要注意的主要有以下幾點：

資金運用

若以團隊的方式作申請，兩位申請人需要證明雙方各自擁有至少5萬英鎊的資金，為期至少九十天。三年後申請永居時，申請人需要證明各自已達到永居七項其中兩項的要求，即是二人共達到四項的要求。例如，各自投資了5萬英鎊（即總共10萬），已創造至少10個工作職位，及在英國申請知識產權保護等。

角色職責

不少人問：以團隊形式的申請成功率會較高嗎？其實，以團隊和個人申請的最大分別，主要在於申請人是否能證明以雙方在企業上的所擔當的角色和職責。

授權機構在審批申請時，會考慮申請人以團隊形式申請的原因，例如，兩位申請人是否各有所長呢？在企業上所擔當的角色、職責、和貢獻，分別又是什麼？若二人一起合資經營，對於公司發展的方向和實體執行的細節也要有共同的共識。

居住要求

若初次申請是以團隊的方式獲批，兩位申請人必須共同經營企業為期至少三年，直至達到相關要求，取得永居為止。

移民解讀 — 慎選英國公司合作

Innovator visa 的申請人可以選擇以自行創業或商業配對的形式作申請。

不少申請人問：到英國創業的風險是不是很大？選擇商業配對的形式作申請不是更為安穩嗎？以往申請T1E 企業家簽證的年代，坊間不少公司為了圖利，不惜違反專業操守，用看似十分吸引的投資計劃鼓勵申請人簽訂合同，殊不知最後計劃失敗，申請人不僅因簽證失效而被迫離開英國，更有可能損失慘重，甚至賠上畢生積蓄。

若果申請人想以商業配對的形式作申請，必須先了解投資計劃的內容，考慮所投資的企業的可行性和合法性，以及是否有不合理或違法的地方。簽訂合同前須細閱合同條款，了解雙方的權利和義務，以保障個人的權益。

也會怕只差你共我

在移居英國前的多少年，一直都參加不同的遊行靜坐抗爭，盡的只是一個土生土長香港人的一分力，為的，是我所愛的香港。

六年前夏秋之交的那場運動，眼淚都流乾了，明白到未來的不可測，決定移居英國，直到我懷著歉咎離開香港，單程機票往英國的那天，我知道，我還是愛著香港。移居後，依然思念著從前，牽掛著在香港的某某，仍然想香港好，就如上世紀 80/90 年代，雖然我也知道不可能。

不說不說還須說

我想說的是，二零一九年開始的這場運動，我們沒有退讓的可能，只要我們仍然會說自己是香港人，還有所愛的人在香港，無論身在任何地方，可以的話，請盡一分力。或者，那天之後，香港，再沒有然後，可能就是只差你共我，沒有好好的守護，我們所愛的，香港。

年紀不再年輕，走在最前容或會成為負累，但作為一個愛香港的人，我還是堅持趕來走這段路，就是要讓年輕人知道，你們並不孤單。

我們可以做的還有很多，只要我們懷著勇氣和決心，只要我們的心仍熾熱，不要計較有多少勝算，盡自己的力量吧。

也許年輕人、同路人都累了，這種累不是身體上的疲憊，是精神和思想上的透支，更多是對未來的無力感，我們可以沮喪可以失望，但不能絕望。

我回來 走出去

這條路，還有千千萬萬個香港人跟你妳您一起走下去，我們並不孤單，留下有用之軀，為自己為所愛的香港及所愛的人多做一點，就算只是微小力量，但星星之火。

不要再失去你們任何一個，永不放棄。

劇集 Chernobyl，很沉重，比對刻下的香港，我們同樣身陷困境，當年身處極權蘇聯的科學家，憑著最大的努力，

無比的勇氣和代價，堅持尋找真相追求公義，謊言者最終都要付出代價。片末最後，戈爾巴喬夫在二零零六年回憶中曾說，一九八六年切爾諾貝爾核電廠事故，可能是蘇聯倒台的真正原因。

//Where I once would fear, the cost of truth
Now I only ask, what is the cost of lies

我曾經害怕，真相的代價
而現在我只會問，謊言的代價是什麼 //

這條路，我們未走完，希望你跟我一起走下去。

原來只要相信便看見

已經是一年前的事了。

「我們一家打算移民英國，得知新的Innovator visa 剛剛推出，不知什麼時候方便約見呢？」

二零一九年春季，新政策剛剛推出，很多細節仍未落實，而他卻是第一個決定要委托我們的客戶。

新的開始新的挑戰

記得第一次見面那天，他跟我們分享了他的創業計劃，以及他在科研工作的內容。

我靜靜凝視着他給我們的文件，心想，如果能夠進一步加入創新的元素，配合商業計劃書和相關資料的準備，申請應該是沒有問題的。

「我們準備好了，可不可以簽約呢？」

「可以的。」心底裡，其實有點戰戰兢兢，畢竟，是第一個 Innovator visa 的個案。我心裡默默地想，不論怎樣，這次一定要申請成功。

於是，我們正式開始了準備工作，並根據創業計劃的內容，挑選了幾間最合適的 Endorsement body。由於 Innovator visa 的申請關鍵在於申請人是否能取得 Endorsement letter，因此申請人除了要有創新可行的計劃外，更要符合 Endorsement body 的篩選準則。

遞交商業計劃書後的兩個星期，便收到了 Endorsement body 的面試邀請，一如以往，我們根據申請人的資料，進行了幾次模擬面試的訓練。

面試是以 video conference 進行，跟我們面試的，是 Endorsement body 的兩位公司創辦人。面試開始，申請人需要在一分鐘內簡介創業計劃（又稱「elevator pitch」），展示將會研發的產品樣板，並道出有關的行業概述、產品服務、目標市場、營銷策略、財務概要等資料。

準備充足　面試成功

面試過程大約半小時，到了中段，我和客戶已經相視而笑，因為，對方這樣回應：

「我很喜歡你的名字，或許，你可以考慮把品牌以你的名字命名，就像 Dyson 一樣，然後在英國申請專利，說不定，你研發的產品會比 Dyson 更著名呢！」

是的，我們成功了，面試第二天，收到了 Endorsement body 的正面回覆，也就這樣，取得了第一封的 Endorsement letter。

未來的路會怎樣，我們或許不知道，畢竟創業路上還有很多的未知之數，但這次的經歷，卻教我深深體會到，原來只要相信，便會看見。

一移民解讀一　創新者簽證的半年申請準備

Innovator visa 的申請準備需時，由構思創業計劃，撰寫商業計劃書，提交到合適的 Endorsement body，到 Endorsement letter 的發出，再到簽證的申請，所需時間由三至六個月不等，建議申請人盡早作出準備。

抬頭吧，黑暗過會是晨曦

從小到大都不喜歡作什麼年末回顧總結，然後又煞有介事的展望來年怎樣怎樣。因為我從來相信的是個人的自由意志，自己的事自己掌握，沒有決心，訂下再完美的計劃，到最後也只是徒然，就像五年前我移居的決定。

又是六月

但原來任何事情也沒有必然的，到了二零一九年最後的這幾天，思緒不斷的沉澱和整理，回想著今年的所有所有，就像投影機的一幕幕重演。二零一九年一月帶著我的律師給我整理好重甸甸的一盒子文件回到英國，就是過去三年的耕耘和努力，還有咬緊牙根拼下去的心血和汗水，寄出企業家簽證續簽文件時就跟自己說，曾經不顧一切的追逐夢想，也無憾了，至少，我不是一條鹹魚。

日復日等待的日子不容易，這點我很清楚，是的，整整八個星期後，就在三月初的某天某夜，迎著冷雨由利物浦回到曼徹斯特，終於收到內政部的包裹，良久，冷得抖震的手才懂得按下短信：

我成功了，才發現零下的氣溫，原來也會感受到淚水的溫度。

然後，故事仍在繼續，整個移居工程至少還有兩年，不能亦沒有停下來，很快就作出調整的決定並且落實計劃，主要是重整我在英國及香港的工作，但是又怎能料到……

六月初夏的那天後一切不同了。

是的，又是六月，但跟三十年前某個國度六月的那場悲情運動不一樣，香港，真的改變了，是徹徹底底的變天。比較二零一四年，更多更多的香港人覺醒了，我也終於明白再也放不下我的故鄉，潘朵拉盒子打開了後，再也關不上，我的心自由了。

告訴我，看到了自由

對於未來，我有很多的想像和可能，為了香港，作為成年人，我們還可以亦應該付出更多，因為，香港曾經給了我們更多更多，比起年輕人，我們付出的，又算得了什麼呢？

我不敢輕言一定會成功，因為還有很長的路要走下去，我一直如是說，除了決心都是決心，情況無論有多壞，我依然會記著：

我們不是因為看到希望才堅持，而是要一直堅持才能看到希望。

A lot of times you don't choose to hold on because there is hope ; you held on, and so there is hope.

初創者簽證

初創者簽證是為有意到英國創業的人士而設，以下為現時移民法的申請要求：

申請年齡

申請人為 18 歲以上，配偶及 18 歲以下的子女可隨同申請。

資金要求

初創者簽證並沒有任何投資資金要求，主申請人只需要持有 945 英鎊的生活費，每個家庭成員需有 630 英鎊生活費，存款期為 90 天。

英文要求

如申請人持有美國、加拿大、澳洲、新西蘭等英語國家的國籍，可自動符合英語要求。

如申請人持有英國本科或以上的學歷（即 Degree/Master/PHD，注意 Diploma 或 Associate Degree 並不認可），只需提交英國的畢業證書，便可自動符合英語要求。

如申請人持有的學歷是由英國以外的大學頒發，需要提供有關的成績單和大學信件，證明學歷為英語授課，然後向英國機構 UK NARIC 作出申請，確認學歷等同於英國本科或以上的程度。

如申請人沒有以上學歷，需要達到 CEFR B2 水平，可報考 IELTS for UKVI (General Training) 考試，並於聽、說、讀、寫，四份考卷中各自取得 5.5 分，證書的有效期為兩年。

認可機構

申請人需要具有創新、可行、和擴張性的創業計劃，並通過移民局指定的授權機構取得 Endorsement letter，確認其創新、可行和可擴展性的業務經營理念。

初創者簽證的授權機構主要為英國本土大學、英國本土銀行、風險投資公司和科技研發公司，每間機構每年平均有25個限額，部分機構有指定地區限制及其偏向的行業。

就英國本土大學而言，90%的英國大學主要偏向為該大學的畢業生提供認可，部分大學也有指定畢業生的畢業年期。

其他要求

主申請人，配偶和子女需要通過肺結核檢測。

簽證條件

主申請人和配偶取得簽證後可自由在英國工作，子女可享用免費中小學教育。

一移民解讀一 初創者簽證的重要提示

初創者簽證的獲批年期只有兩年，兩年後不可以申請永居，因此，對於想長遠移居的申請人而言，並不是最好的選擇。若申請人想在兩年後繼續留在英國，屆時需要再申請其他簽證，如創新者簽證或工作簽證等，並達到相關的居住要求，才可申請永居。

BNO不僅是我們的身份認同，還有

二零二零年四月初，英國以至歐洲疫情的高峰期，英國駐秘魯大使館在四月初宣布，英政府將會在未來10天內再為國民（包括BNO持有人）提供專機撤走，並表示早前由秘魯乘坐英國包機到倫敦為£250，香港政府包機經倫敦到香港的費用為£3019。

我在國泰官網搜尋四月十一日，希斯路機場到香港的單程機票為£685。

簡單計算，香港政府包機由秘魯到倫敦，搭乘的香港人費用為£3019－£685＝£2334，香港人搭乘香港政府包機有多昂貴，不言而喻。

英國在危難時的關顧

四月下旬，尼泊爾因為疫情「鎖國」，有幾十名香港人滯留當地，香港政府又或中國領事館都無準備包機接香港人，其中的香港人接受傳媒採訪指出，香港政府只確認其在當地沒有死，其他事情不管了。

英國卻始終沒有離棄在外地的國民，部份持 BNO 的香港人，搭乘英國包機經倫敦回港，最後只須 £800，可說十分便宜，英國政府應該補貼不少。

英國政府在三月已表示與 British Airways, Virgin, easyJet, Jet2 and Titan 等航行公司合作，安排國民回到英國，估計支出費用為 7,500 萬英鎊。

BNO 是香港人的一道活門

有留意我文章的朋友也會知道，我在這幾年一直都說，取回 BNO 吧，這可能是香港人的一道活門，並不止於英國下議院即將二讀討論 BNO 平權的議案，而是就像今次秘魯、尼泊爾，又或幾年前日本 311 事件。

是的，英國，甚至整個歐美對於疫情的衝擊有多大，還要時間驗證，但英國在疫情嚴重到接近自顧不下的情況下，仍然對 BNO 持有人在外地的求助盡力幫忙，比較香港政府，自行評價和選擇吧。

British Embassy
Lima

New UK Government charter flight

We have just had confirmation that there will be one further charter flight from Lima to London. The date is yet to be confirmed but we anticipate that it will not be for another 10 days. The price per ticket will be confirmed soon.

We emailed British nationals in Peru yesterday about a flight on Friday 3 April from Lima to Hong Kong, with a stopover in London, organised by the Hong Kong Government.
The Hong Kong Government has priced the ticket at £3,019.

British nationals who wish to leave Peru should decide whether they would like to leave urgently on the Hong Kong Government flight tomorrow, or wait longer for the UK Government charter, which will be at a lower cost.

If you did not receive an email about the Hong Kong Government flight and remain in Peru, please send us your details via lima.escalations@fco.gov.uk

只因挫折反堅定了決心

移民絕對是人生中最大最難的抉擇之一，曾經猶豫不決，卻因為申請過程中的一次障礙，才讓她認清了自己的真實願望。

「一開始打算申請移民，原本只是為了孩子升學而做的決定。那時候也並不是有一種非去不可的決心，可以說是心大心細，畢竟要放棄香港所建立的一切去到一個地方從新開始實在是個冒險，心裡的壓力絕對不小。」她回想說。

夢想從不怕晚

回想起她們申請簽證的過程可謂一波幾折，最開始時她們一家原本是預算申請 Tier 1E 的，但剛剛碰上政策改變錯過了時機，沒辦法便只好等待新推出的 Innovator visa。後來她經過同事的介紹，嘗試找我們幫忙，然而，我們卻沒有一開始便接她的個案。

由於 Innovator visa 的關鍵在於 Endorsement body 的審核，那段時間我們在背後做了很多安排工作，包括詳細分析新政策的各種細節和深入了解每間 Endorsement Body 的要求，讓她有了一點誤會，好在後來事情過去之後，她終於明白到我們的苦心。

到了我們確定種種的可行性後，便全力的為她們作細心準備，而終於在二零一九年十二月八日，也就是她和丈夫的結婚周年的那天，成功獲得 Endorsement letter。但故事並未完結，接下來又是另一個重大波折。根據現時的申請要求，所有申請人必須進行肺結核測試，當時她的家人都順利通過，而她的報告卻顯示了一些不確定的因素。

「最壞的情況，是可能家人都可以如期出發而只剩我一人不能跟上。」她慨嘆地回想。

在經歷了整個申請過程做了這麼多準備工夫，可說是臨門一腳才出事，當時她感受到前所未有的打擊，那種失望之大令她驚訝，因為她直到那刻才察覺，自己原來多麼希望可以出發前往那陌生的地方展開新挑戰。

挫折令決心更堅定

「這最後的一個阻滯堅定了我的決心，並讓我立即收拾心

Jessica and Icarus 一家定居威爾斯

情，去處理好報告中不明確的事情。現在我可以在這裡給你講這故事，就說明了雨過後已經天晴。當然我明白這只是個開始，由於我們這次申請的是要開設一個非常新的產品和服務，對於沒有營商經驗的我們來說，由計劃書的擬定，到之後的營運都是我們所不擅長的。

很感激你在這過程裡給予我們的幫助及用心籌劃，我們明白到你並不是那種只為了生意收入而工作的人。」

聽著她這一番說話，我心存感激，因為她道出了我的心聲，也令我憶起了創業的初心，我們一直想做的，就是真正幫到有需要的人。無論是從前或是現在，我仍然深信，只要用心做好每一件事，對方定能感受到內心的那份熱誠，感動也常在生活中。

童話・情書・遺書

這是我們曾經最美好的時代。

直到那年那月那個下雨的晚上，這個璀璨都市的那面令人懷念的旗幟徐徐降下，城裡的人依舊歌舞昇平，卻原來最壞的時代悄然而至。

暗黑的國度日復日不斷的蠶食，不消多少年，璀璨都市光輝不再，我們曾經擁有最光最亮的東方之珠已經變作暗淡無光，像迷失了的孤城，城裡人內心像孤島。

童話

但我相信，黎明前的最黑暗令我們更堅強更堅定，因為晨曦的曙光就在不遠處，只要堅持，就有光就有希望就可以看到將來。

有的朋友跟我說，你走了就不要多事，不要再多寫香港的事情了，你難道還會再回香港生活嗎？我沒有回答，或者應該這樣說，我真的不知道啊。

可能有些朋友認為移居外地就像童話，一切都是美好，其實無論五年前的決定直到現在，我壓根兒也沒有這樣想過，從少到大我從來沒有，也不相信童話故事。

情書

或者我對香港的糾纏和思念，像戀人，像情書。

但是，要書寫香港的那封情書真的不容易，因為滲雜了太多複雜艱澀的情感，要疏理清楚嗎，也許不易。

或者現在記下的，更像遺書，遺留當下我的所思所想，因為恐怕將來忘了，究竟人大了是更易遺忘，抑或根本是故意遺忘某段回憶某種情感呢？其實我也分不清也不會去想，因為，尋找到的答案，又是否如我所願呢？如果不是想要的答案，又如何自處呢？最後，越想只有越遠。

遺書

沉溺煩擾磨折，原來再說下去也只是徒然，弍零壹玖很倦很倦，只想沉沉的睡去，然後，我們久別重逢，相遇在弍零弍零，美好如昔的，香港。

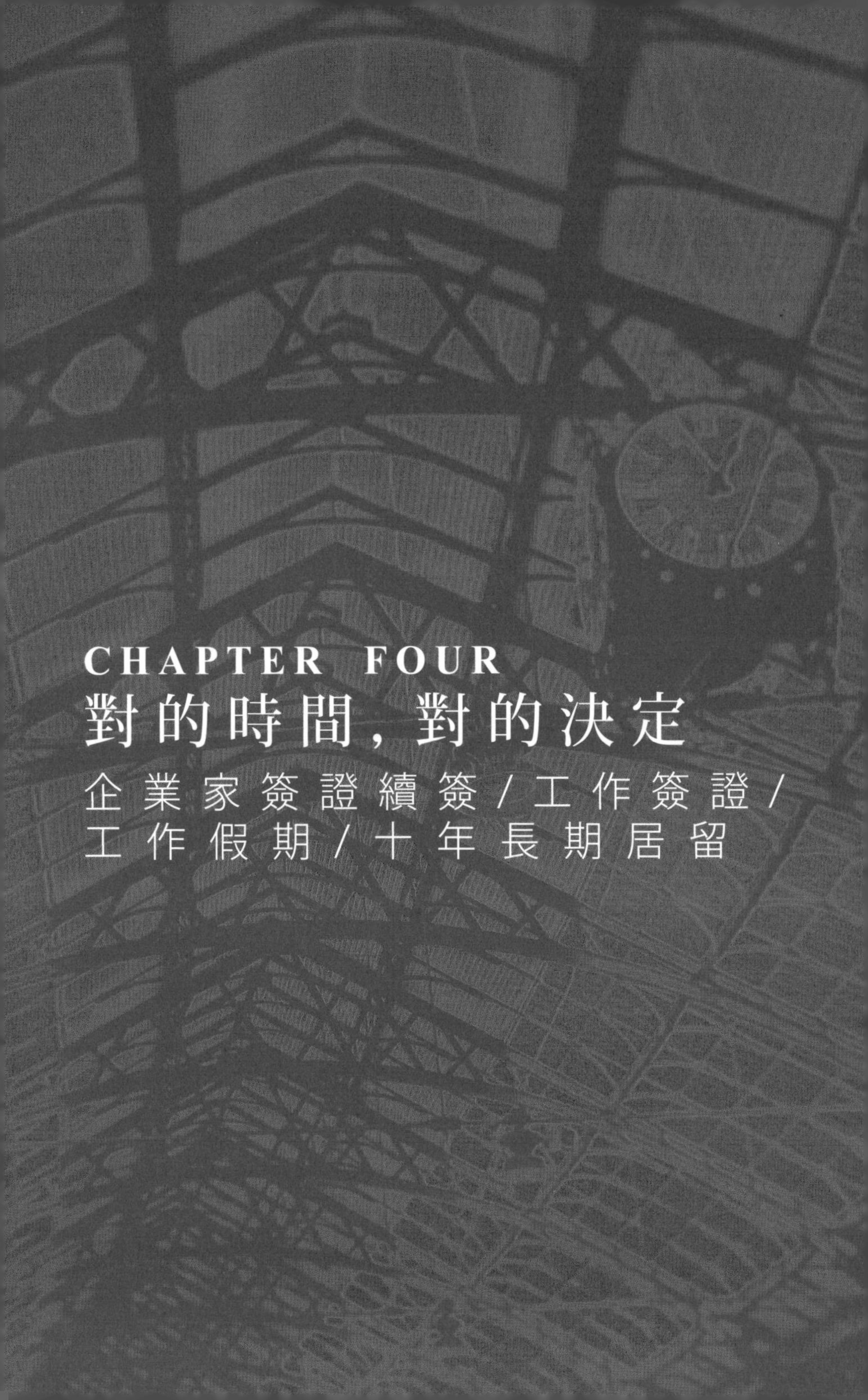

CHAPTER FOUR

對的時間，對的決定

企業家簽證續簽／工作簽證／工作假期／十年長期居留

一步一腳印

移民英國打算展開事業，當中的重重困難沒經歷過的自然難以想像。但只要懷著決心，謹記初衷，一步一步慢慢走，不要似在香港那樣急躁，得到的，會是更多。

「我與丈夫都是很有計劃的人，當初為了準備移居英國，我們足足花了三年的時間去做準備。當時市面上有不少移民顧問，我們也會見過不少，當中有不少都會游説我們以投資的形式去注資一些當地的企業，聽起來很吸引，因為我們如果依循那方法，基本上就只是將二百萬港元左右的資金交給別人，之後自己基本上甚麼都不用做，時候到了自然就能成功續簽。

自己經營才踏實

那些顧問還會大力推銷，説那些本金有很大機會可以拿回來，基本上我們就似是甚麼都不用付出就可以獲得居留權。我們當時不知道這種做法是否可信，但考慮到要將一切都交給別人，我們卻覺得不太踏實。」她回想説。

Wing 與家人定居在英國的東面海邊小鎮

後來，她在搜集相關資料期間，找到了我，並讓我協助她進行申請。記得與她見面的時候，她分享了不少有關她的期望與擅長的事，我一直細心聆聽著，並就著她的意思和概念，慢慢把商業計劃書做好。申請過程的順利是始料未及的，這和她的計劃書的周詳有很大的關係。

但申請簽證容易，到真正開始在英國實行計畫卻完全是另一回事。由零開始，她們沒有人際網絡，公司從頭而起，很多在香港時的念頭，到了這邊英國市場卻完全是另一回事。因為她們開的公司是做禮品設計，起初想出了很多新奇好玩的創意物件，覺得一定會大受歡迎，但可能因為她們所處的地區並不是城市，這邊的人作風偏向保守，最後生意仍然是集中在一些傳統的禮品上面。

調節步伐才能適應環境

期望的落差是大的，但她們在英國學懂的，是要順應調節。

始終英國的經濟發展機會不能和香港相比，人們做事的節奏也慢得多，由生活到生意，其實種種遭遇都在告訴她們應該要放緩步伐。她們不是那種想要一步登天的人，也明白拿到了簽證，在這邊居留生活，並讓孩子可以有一個愉快的學習與成長環境才是她們所追求的。

她們事事求穩打穩紮的性格，反而頗為適合這邊的氣氛。一開始生意不似預期，她們也不心急，慢慢一步一步的看清楚市場需要，在迎合本地人的期望同時，試著一點點帶給她們新鮮事，跟客戶往來多了，有了信任便有機會去做一些新嘗試。

現在她們慢慢由一般街客，到開始得到一些商戶的信任，發展不能說有多快，但至少是順利的。最值得高興的是，她們剛剛在年初時成功獲得了續簽，現在只剩下兩年後的永居申請。

回顧過去幾年，這段日子她們賺到的，不單是一個簽證，也是一次很好的投資與營商經驗，而且全家人在這邊生活相當放鬆，一切順利，這些才是最值得她們珍惜的。

一移民解讀一 簽證到期日

申請人的簽證到期日印在BRP card上 – e.g. "valid until dd-mm-yyyy"。由於續簽所需的文件繁多，建議申請人正式開始營業後，便要開始妥善保留有關文件，提早作續簽的準備。

那記憶荒謬更凄美

《禁色》已聽了很多很多年，每個階段都有不同的認知和感受，更佩服黃耀明幾年前在演唱會上説出這段告白的勇氣。

「我們不需要像《禁色》這首歌般説，讓我就此消失這晚風雨內，可再生在某夢幻年代。我們現在是 21 世紀，我們不需要去夢幻有一天自己去愛哪一個人，需要得到你去批准」。

他説的不止是同性的戀愛自由，更在於我們去愛的自由，無論是身處任何年代國界身份，我們都應該有愛一個人的權利和自由，縱使這份愛得不到認同，只要自己喜歡就可以。

到這天，恐怕一切將要忘記

又回到美好的上世紀 80 年代，從《繼續追尋》開始，到《迷戀》、《Kiss Me Goodbye》，再入戲院看《戀愛季節》（潘源良做導演因而迷戀李麗珍，再寫下《最愛是誰》，糾纏三十年又是另一個故事）。

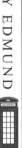

當時無錢買CD，身邊的人也不是同好（其實現在也不多），一直到大學畢業後才開始買回「達明」CD，卻原來帶到英國的都是黃耀明，達明一派的都留了在香港。

除了音樂文化，我的文化研究碩士畢業論文《從心繫家國到達明一派對》也是以「達明」為研究題目，還有忘不了的二零一二年《達明一派兜兜轉轉演唱會》、二零一五年《黃耀明太平山下演唱會》，故事還在寫下去。

二零一五年已經決定移居英國，原本想獨個兒去看黃耀明（真的找不到朋友呢，勉強就唔好），您卻不介意跟我同行，才知道您正陷入情緒上的低潮，半場就獨個離去，如是者經歷了年多，終於走出陰霾，迎來的是更堅強豁達的您。

約定，下世紀再嬉戲

移居英國後每次回港，面對移居的不明朗的前景，感覺很疲累，您的關心鼓勵及支持，都放在心了。跟您約定的二零一七年《達明卅一演唱會》，終於也不能成行，曾經想過三日兩夜回港，最後還是作罷，可能再沒有下次了，希望您能告訴我，那夜星光燦爛。

在二零一八年新書發佈會上我也說過，離開香港其中遺憾是錯過了「達明卅一」，還有就是……我也希望有著黃耀明的勇氣。

隨心而行 定有好風景

BY JANINE

移民的最大挑戰，是讓一切由零開始。有人覺得舉步維艱是自找麻煩，但也有人早知道即將遇上所有的未知，與其總是回頭，不如好好看著眼前風景，讓自己變得像個小孩那樣享受那全新的探索。

「我知道很多人的移民念頭都是出於自己，但我卻是聽從女兒的主張，當聽到她的想法，我便開始思考：覺得有何不可？那已經是好幾年前的事了，當時大女兒在香港的教育制度下一直找不到自己的存在感，學校總是按著既定的觀念，憑考試成績斷定一個人成功與否。

女兒的祈願

當然我知道這並不是一家半家學校的事，而是香港這城市向來都是依據著這制度，然而我們作為個體沒辦法把制度改變，我甚至可以用『絕望』來形容那時候的心情。當大女起了念頭想要離開，想要到英國去，那時我便開始思考：反正找不到出路，也許這對我們來說會是件好事。

Sandy與兩位女兒在英生活愉快，女兒在學習上都更加積極，並由原本放棄進大學到現在努力考試，前路的光閃閃發亮。

不怕說，我們家裡經濟環境並不算是十分餘裕，但說來奇怪，當我有了移民的念頭後，身邊有兩位我很尊敬的人在不知情的情況下，竟不約而同地跟我談起有關移民的事，並鼓勵我可以走的話就一定要走。」

在這種奇妙的緣份推動之下，她隨之開始找尋相關的移民顧問，而我們的相遇，又是一次教人難忘的相遇。

「首先，回想起第一次見到她，我實在沒想過會是一位如此年輕的女生，但世事就是這樣，她給予我的信心，卻是任何其他公司所沒有的。當中最大原因，是因為我的『無知』。由相關的申請工作，到在外地生活，我可說是一無所知，我有的問題多到『嚇死人』，但是在和她傾談的時候，我發現無論問的是甚麼問題，她都能夠好清晰肯定地告訴我答案。甚至在我對自己的申請毫無信心的情況下，她反而讓我能夠相信自己，這一點實在得感謝她。」

開發自家品牌護膚品

現在她到英國快要兩年，主力開發自家品牌的護膚產品，以天然有機加上「made in UK」作賣點。網店的營運未算很穩定，但她卻毫不擔心。因為她從來都沒有任何營運生意的經驗，亦沒有到外國生活的經驗，對於這樣一個全新的挑戰，對於有機會遇到的種種能想像或不能想像的困難，她早已有心理準備，甚至沒有期望過會順利。最重要的，是她抱持著一種不怕試不怕學不怕輸的精神，即使生意額未如理想，但她卻賺到了很多寶貴的經驗。

現在為了給公司找更好的產品，她需要不時的飛到世界各地去尋找不同的合作伙伴與供應商。這些體驗，如果她在香港繼續之前工作的話，也許不會遇上。現在她在這邊尋找到自己的生活，按照著自己的步調慢慢前行，多了時間陪伴女兒，小女兒由一開始在香港很抗拒離開，到今日會來跟我說多謝把她帶了過來。單單只計算和女兒的關係得以加深，她得到的，已經遠比想像多。

一移民解讀一 熟悉移民法例的英國執業會計師

到英國創業的朋友要注意，由於英國的稅制與香港有所不同，建議申請人在登陸英國前，先跟英國的執業會計師了解有關會計及稅務方面的事宜，熟悉移民法例的會計師會較易溝通，對於日後準備公司的財務報告也較為輕鬆。

什麼人看什麼戲

英國的冬天漫長而且陰沉，總是令人心情鬱結，惟有往電影和歌曲裡鑽，早前講過達明了，今次就電影吧。

暴雨驕陽

《Dead Poets Society》（暴雨驕陽）是我思想啟蒙的電影，Robin Williams（羅賓・威廉斯）的一句常在心：

'I stand upon my desk to remind myself that we must constantly look at things in a different way.' 但太清醒也是痛苦的，這點我很清楚。

海角七號

十多年前看的《海角七號》教我從另一角度看日治時期的台灣，啟發了我對後殖民主義的想像，早前一位台灣女生跟我的對話引證了我的想法，《海角七號》是失去與補償的愛情故事，讀到第七封信時，我真的哭了。

解碼遊戲

Benedict Cumberbatch（班尼狄．甘巴貝治）在《The Imitation Game》（解碼遊戲）飾演上世紀40年代同性戀天才數學家 Alan Turing，女主角 Joan Clarke 仍不顧一切的愛著他，她這句說話使我深深感動：

‘We’ re not like other people, We love each other in our own way, and we can have the life together that we want.’

你快樂所以我快樂，他們用自己的方式愛著對方，只想對方好好的生活下去，但到最後他們這份愛還是充滿遺憾。

總覺得《解碼遊戲》有點像一套舊戲，想了很久。

神探伽利略——嫌疑犯X的獻身

是的，《神探伽利略：嫌疑犯X的獻身》內的一位內向天才數學家，喜歡一個人後付出一切一切，不就是 Benedict 飾演的 Alan Turing 嗎？不同的是一個愛上為女兒誤殺前夫的單親媽媽；另一個則在40年代愛上男人，注定不為世人接受，代價是被迫食藥調整荷爾蒙，失去了解謎能力，最終自殺。而兩個都是不擅表達感情的數學天才。

兩套戲主線同是解謎，但其實都是傷痛的愛情故事。

《解碼遊戲》裡 Benedict 演得固然出色，Keira Knightley 亦同樣吸引，紅顏知己無償的支持和守護，想起周星馳經典電影《西遊記》，我最喜歡的對白不是「愛你一萬年」，而是「愛一個人須要理由嗎？」二十多年前在戲院出來後後一直問到現在。

鎌倉物語

日本電影《鎌倉物語》說的是「人世間的相遇都是久別重逢」，緣份也是天註定的，雖然今生遲了十多年相認也無礙兩個主角的宿世姻緣，美好的結局本是不錯，但想想，這也太完美了吧。

西遊記

《西遊記大結局之仙履奇緣》中，至尊寶跟紫霞的緣份也是「上天安排，整定的」（紫霞作為神仙所言），但 timing 不對，才有「一萬年」的經典對白，充滿遺憾的故事，往往使人更牢牢記住而成為經典，其實也更貼近現實。

無雙

於我來說，《無雙》說的是愛情的真與假，鈔票畫作總有真偽，但感情和生活又怎去分辨呢？我們投進的每一段感情又都是真的嗎？

其實只要自己相信，這份感情是真的，她就是真的了，哪管他與她接受與否，跟著自己的感覺走，可以走多遠就多遠吧，就算再沒有了然後，也是一段真實藏在心裡的感情和回憶。

愛上未知與無限可能

人有種很愛躲懶的習性，當身處安舒區，即使生活有許多小小的不如意，但整體沒有大問題，就願意一直的忍耐。當大部分人都是如此，肯踏出那一步的人，以勇氣換取的就是無限可能。成功與否，不一定在乎金錢多寡，而至少已經擁有燦爛。

「坦白講，移民對於我和丈夫來說完全沒有甚麼必要性。在香港，我們都有很穩定的職業和收入，或者未至於富貴，即使要供自己所住的樓，生活還算過得相當輕鬆。決定離開，很大程度是因為對政府有所不滿。政治環境與高官的作為讓我不能認同之餘，就如學術自由方面，也教我感到非常失望。

走出安舒區

我有兩個小孩子，現在年紀還很小，但我明白到香港的教育制度一直在努力扼殺小朋友們的思想，政治因素讓學校在明在暗都以壓逼個體的思想為本，我不希望自己的小孩要在這種環境之下學習，所以便有了移民的想法。」

BY JANINE

那時候她在網上找到了我，第一次見面時，我們談了很多很多。及後她正式委託我幫忙，很大原因是她希望在英國能開展自己夢想的事業，我仔細聆聽她的計劃，並給予方向與指導。當時因為多了申請人需要進行面試，我們也花了很多時間作面試訓練。

面試後的一星期，我們收到電郵，可以去領取結果了。還記得我立即致電給她，問她當天有沒有時間去領取結果，她說，我好像比她還著緊似的，事實的確如此。

現在她在英國開始了自己的手作網上店，幸好之前在香港工餘時已經開始著相關的工作，所建立的網絡讓一切都變得更順利，再加上身邊很多人給予幫忙和意見，生意的增長算是頗理想。

製作自家口罩

在疫症的那段日子，很多店鋪都受到打擊，但奇妙的事情卻發生在她身上。因為英國這邊的醫學口罩供應有點緊張，一般人比較少機會用到。眼見及此，她便開始了製作一些平民級的布口罩，讓人們可以有機會得到最低限度的保護。

Sandy與孩子定居在曼城

這些口罩她以半賣半送的形式，去為社區作出一點貢獻，然而這動作卻在她無預計的情況下，得到更多人的注意，不少人因為知道她有口罩賣，在瀏覽她的網頁時也會順道買多一點其他東西。她說，雖然不知道客戶是為了鼓勵她還是真的喜歡她的產品，但對她來說，卻是一種肯定與支持。

對於生意與收入，她並不抱持著甚麼野心，只是剛剛開始，做的又是自己喜歡的事，即使距離收支平衡還有段距離，但她卻會充滿信心，因為她知道現在擁抱的可能性不能只以金錢計算，更好的未來，還在等她和家人一起去發掘。

｜移民解讀｜Life in the UK Test

當申請人在英國的生活settle down後，可考慮先報考Life in the UK Test，為永居的申請提早作準備，根據現時申請永居的要求，凡年滿18歲或65歲以下的申請人均需報考，證書終身有效。

對的時間遇上對的人

我常說「對的時間遇上對的人」很重要，但能否走下去，還是要看緣份。電影《一代宗師》的宮二與葉問如是，《The Imitation Game》的 Alan Turing 跟 Joan Clarke 如是。

現實中張愛玲與胡蘭成的《傾城之戀》，三毛最後一段感情與王洛賓愛得死去活來，同樣淒美而又充滿遺憾，或者就是這樣才能留下令人低徊令人著迷的文字和故事。

不是偶然，是天命

三毛千里迢迢跑到烏魯木齊跟比她年長三十年的王洛賓相戀，回到台灣後，寫給王洛賓的信如是說：

「萬里迢迢，為了去認識你，不是偶然，是天命，無法抗拒的。

我不要稱呼你老師，我們是一種沒有年齡的人，一般世俗的觀念，約束不了你，也拘束不了我，尊敬與愛，並不在一個稱呼上，我也不認為你的心已經老了。

我回來了，閉上眼睛，全是你的影子，你無法要求我不愛你，在這一點上我是自由的。」

再回頭已是百年身

三毛留下這信後，選擇終結短短四十七年的生命，王洛賓在悲痛下寫了最後的歌謠「等待」，數年後也走了。

是的，人生往往就是不斷的等待與追尋，我們都有想要等待的人和事，雖然結局可能不似預期，但不要怕，記緊不要讓你喜歡的人錯過，不要放棄去追尋你想要做的事。

因為，再回頭已是百年身。

《等待》王洛賓

人生本是一場迷藏的夢，切莫對我責怪。
為把遺憾續回來，我也去等待，對著那橄欖樹，獨自膜拜。
你永遠不再來，我永遠在等待。等待、等待、等待、等待，越等待我心中越愛。
為把遺憾續回來，我也去等待，每當月圓時，對著那橄欖樹，獨自膜拜。
你永遠不再來，我永遠在等待。等待、等待、等待、等待等待。越等待，我心中越愛。

工作簽證／工作假期／十年長期居留

BY JANINE

二零一九年十二月，初冬。

「叮噹。」辦公室的門鐘嚮起，郵差叔叔為我送到一封掛號信。我小心翼翼的拆開信封，是客戶給我寄來的聖誕卡，卡上呈現著我在英國最愛的中世紀小鎮，我在英國的起始地。

想起去年重回林肯小鎮，坐在校園旁的湖畔，細細欣賞著湖上的風景，感慨良多。滿載回憶的小鎮，盛載著多少難忘的片段，亦因這裡的經歷，改變了往後的故事。

英國小鎮的故事

許多年前的我，選擇到英國留學，為的是在異國尋覓著心中的理想，盼望能夠譜出不一樣的樂章。畢業後，我跟許多的留學生一樣，愛上了這裡的生活和文化，希望能夠有方法可以留下來，在這裡延續自己的故事。

留學生到英國留學，一般持有的都是學生簽證，由於簽證的規限，學生簽證持有人每星期最多只能工作 10 至 20 小時，很多人會選擇在讀書期間擔任兼職，既可取得工作經驗，又可以有點點的收入。

畢業後如果想繼續留在英國，有什麼方法呢？

工作簽證

如果有機會在英國找到工作，可以考慮申請工作簽證。

根據英國移民局最新公佈的政策，新的工作簽證最快會於二零二一年一月實施，屆時會引入計分制，申請人需要達到 70 分才可作申請。

申請人需要符合三項基本要求，包括已獲持有僱主擔保許可證（Sponsor license）的僱主聘用，工作達到一定的技術水平，及相關的英語要求，符合這三項要求者可獲 50 分。

如果職位屬於英國人才短缺工作、達到相關薪金要求、申請人持有與工作相關的博士學位、或與工作相關的科學、科技、工及數學（STEM）博士學位，會加分 10 至 20 分。

工作假期簽證與畢業後就業簽證

如果未能持到合適工作，可以考慮申請工作假期簽證（Tier 5 Youth Mobility Scheme）。

申請人需要年屆十八至三十歲，持有英國海外公民護照或香港特區護照，並有 1,800 英鎊的存款，申請前不需要有任何的工作或僱主擔保。獲得工作假期簽證後，申請人可以自由在英國工作、讀書或享受假期，簽證期間不需有僱主擔保。

另外，根據英國移民局最新公佈的政策，英國政府會於 2021 年開始，向 2020/2021 年起入學的畢業生提供畢業後就業簽證（Post Study Work visa），屆時畢業生可享有兩年的簽證，找到合適工作後再轉工作簽證。

十年長期居留

如果留學生自幼便在英國留學，可以考慮申請十年長期居留，以取得永久居留權。

我在英國的起始地林肯小鎮

申請人需要符合兩項基本要求：

1. 申請人需要在英國連續合法居住至少十年，期間一直持有有效的簽證。這十年期間的簽證可包括學生簽證、工作假期簽證、畢業後就業簽證、工作簽證或其他任何合法的簽證，每次續簽證的期間不能中斷。

2. 申請人在十年期間累計總共不能離開英國多於540天，單次離開不多於180天。

此途徑看似簡單，但要滿足居住要求，還是有一定的難度，此類簽證主要適合在英國居住多年的留學生。

當申請人通過這方式獲得英國永久居留權後，最快可在一年後，即第11年，申請成為英國公民，申請英國公民前的過去5年間，累計不能離開英國多於540天，最後一年不能離開英國多於90天。

別去了，遙遙別去了

英國冬天的冷夾雜著的風雨躲避無從，已移居這裡很多年的朋友説，是不會習慣的，對於傷感的人往往再加上幾分憂愁。是的，英國往馬德里的航班總是滿滿，或許人們也在尋找短暫的暖和，但心裡的冷往往如影隨形。

某年十月在香港看了「解憂雜貨店」舞台劇，記著主題曲「重生」再往網上找，整整兩個星期聽了又聽，回到英國後又突然不敢再聽下去，有種很無奈的無力感。

你我相隔多麼遠

記得您跟我説過，在某段失意日子也是這樣，悲痛得連看電影也不能，您卻未曾在我面説過半句，只是咬緊牙根的撐著，好不容易才復完。只是在某些年後的某月某天突然流著淚的説著您的曾經，只是為了告訴我再艱難的日子總會過去，我感動也歉咎。

有人説，「愛」有五種語言，每個人表達愛和接受愛的方式也不同，愛是本能，但愛的方式卻需要學習。我卻覺得，愛不一定用言語，我更希望讓你從心裡感受到。

人大了，總覺得生命裡每個階段都會遇到不同的人，有時時機不對，擦身而過；有時對的時間對的人就會有情感的交流，但能否走下去還是要看緣份。

我和你的相遇，大概是個偶然，我們一起說故事，談生活，追逐夢想，你總是不辭勞苦的為我做了很多很多，又在我情緒低落時，支持我鼓勵我欣賞我，使我感到心裡很暖。

哪年哪天可相見

如果某天你失落無助，希望你知道我一直都在，只要你願意說，我都願意聆聽，無論現在或將來，抑或開心與否。

或者愛惜你在乎的人，就是這樣了。

這兩天你有想念著我嗎？

祝你/您/妳/您們，都有一個快樂的情人節。

為開拓事業 心無旁騖

很多人申請英國企業家簽證的本意，是帶同家人移民，所以要考慮的事情會有很多。但也有些例子，卻是無比單純的，就是為了發展自己的事業。這種心無旁騖，正正就是成功的最強要素。

「我申請這個英國企業家簽證的原因很簡單，就是我想創業。在申請簽證之前，其實我在英國已經生活過好一陣子，那時候拿的先後分別是工作假期簽證和工作簽證。這段在英國的日子讓我深深喜歡著這國家，我愛這裡的天氣，也愛這裡的文化，後來想到要在這邊發展並開創自的事業，坐言起行，我便正式開始準備做申請。

喜歡英國，就是這樣

因為之前在大學讀 IT，然後出來之後的工作和我現在的公司營運方式也很相類似，所以我很早就已經敲定開展這個

Magic 很享受在英國的工作

事業。那時我還未安排簽證的事宜，而本身早已經有了自己的商業計劃書，但我明白並不是相關的專業，所以計劃書比較偏向給自己公司實用的方向，用以申請簽證難免會顯得粗疏。」他說道。

在英國生活的一段時間，他嘗試找當地的律師去處理簽證的事宜，但總括和本地律師商談後的經驗，覺得他們不過為了做生意，並不實質關心他想做的事業內容。直到後來他找到了我，我仔細看了他的計劃後，給予了一些實在的建議，他便認定了我就是他應該找的人。

簽證批了之後，他花了比預期多的時間去做開始生意前的準備。因為英國人的工作效率始終不比香港，單是找貨倉，那些中介們連帶他去看一下場地都懶，結果是他得多花時間去做很多資料搜集，而這些事情在自己沒有親身營運一家公司之前，是不會知道的。

準備充足，發展順利

不過這些算是問題嗎？他不會這樣說，因為未開始生意之前，他已經預期事情不簡單，而且會好辛苦，但當你在做著自己想做的事，就不會覺得辛苦。何況，雖然他經營公司的困難不少，但發展卻可說是非常順利，這可能和他本身已經把所有預備工作都做得充分，加上他早有相關經驗有很大的關係。

現在，他的這家網上超市，除了有非常齊備而且一直在歐洲市場被忽略的港、台、日、韓貨品之外，也時常會因應市場需要而調整貨物及服務，現在他們的顧客遠至北歐的都為數不少，實在超越期望。

「如果你問到自己事業發展上最大挑戰，我會說並非在自己身上，而是關於員工。因為我不會只以單純的主僱關係來看待員工，我希望做到的，是自己公司在得到發展的同時，也期望員工可以同時有所進步。我不單希望他們 work hard，也期望他們 work smart。我會花很多時間去做指導，希望他們在職務上能夠發揮得更好，工作更有效率，當他們的表現有所提升，而且在健康和收入上面都有改善，那我的公司來講，也絕對是件好事。這挑戰不小，但我會繼續努力，相信一定會成功的。」他很有信心。

十年，然後

「我不看《十年》，十年太久了，根本朝不保夕；香港，再無然後了。」

二零一六年初，我在自己的 fb 記下這段文字，然後買了沒有回程機票的航班，也開始了「香港人在英國」專頁。

「十年，茫茫然渡過，再也分不清彼此的差錯。」

除了電影，還有香港最美好日子的其中一首歌，是的，這是上世紀 80 年代的《十年》。

十年之前

「十年之前，我不認識你，你不屬於我，我們還是一樣，陪在一個陌生人左右

十年之後，我們是朋友，還可以問候。」

最近聽的是梁朝偉在幾年前在電影《擺渡人》，重唱陳奕迅的《十年》，據說某國已禁了林夕的詞，這首歌可能再也聽不到，損失的只會是那些人。

你可以說我不懂，我確實覺得梁朝偉演繹得很好，像在說著故事，說著一段十年又十年很無奈的感情故事。

十年太長

我沒有看過《擺渡人》這電影，但有一句對白還是很認同：

「十年太長，什麼都有可能改變；一輩子太短，一件事也可能會作不完。回憶永遠都在你背後，你無法拋棄，只能擁抱。」

是的，時間只是相對，沒有太長和太短，喜歡的話，十年十年又十年也是太短，不喜歡的話一瞬間也嫌長，生活如是工作如是感情如是。

CHAPTER FIVE

抬頭行，是光輝生命

配偶簽證 / 居英權二代

配偶簽證

配偶簽證是為持有英籍或永居配偶的申請人而設，以下為現時的申請要求：

婚姻要求

申請人和配偶需要證明其婚姻關係的真實性，並表達有意到英國長期居住。

申請人需要提交結婚證書和雙方的關係證明，如生活照、結婚照、同居地址證明、外遊紀錄、小孩出生證明書等。如雙方長期分隔兩地，需提供相關的通話及短訊紀錄，以證明二人有保持恆常的聯繫。

如申請人或配偶曾有離婚紀錄，需提交離婚證書及有關離婚

的資料，包括前配偶的姓名、國籍、出生日期、結婚日期、離婚日期等。

財政要求

根據現時法例，申請人可通過年總收入或存款達到有關的要求，所需的金額如下：

申請人數	英鎊年總收入（Gross annual income in GBP）	英鎊存款要求（Cash savings in GBP）
配偶	£18,600	£62,500
配偶 + 一位小孩	£22,400	£72,000
配偶 + 兩位小孩	£24,800	£78,000
配偶 + 三位小孩	£27,200	£84,000

申請人可根據個別情況，通過以下六種方式達到這項要求：

Category A or B：英國工作收入

如配偶申請前已在英國工作，並在該英國公司受僱了至少 6 六個月，只需證明該工作的年總收入，並提交有關的工作證明、工資單和銀行月結單。

如配偶在該英國公司受僱少於 6 個月，則需證明過去 12 個月的年總收入。

如配偶在申請前在英國海外工作，需證明該海外工作的年總收入。同時，配偶需要已獲得英國公司的 Job offer，並需在 3 個月內到英國開始該工作。

值得注意的是：如申請人在海外，其海外工作收入並不能計算在內。

Category C：非工作收入

申請人可利用個人或配偶於申請前 12 個月的非工作收入達到財政要求，該收入可來自英國或海外，最常見的例子為房租收入，申請人需要提交有關的租約及銀行月結單作證明。

Category D：現金存款

申請人可選擇以現金存款以達到財政要求，有關的存款可存放在申請人、配偶或雙方名下，申請前六個月每天的最低結餘均需有相關的存款。

若資金來源為房產出售，投資或強積金套現等，存款的時間可根據個別情況縮短。

Category E：退休金收入

申請人或配偶可利用申請前 12 個月的退休金收入達到財政要求，該退休金可來自英國或海外。

Category F or G：自僱收入

若配偶在申請前為英國自僱人士或有自己的公司，需證明過去一年或兩年的收入達到相關的要求。

英語要求

如申請人持有美國、加拿大、澳洲、新西蘭等英語國家的國籍，可自動符合英語要求。

如申請人持有英國本科或以上的學歷（即 Degree/Master/PHD，注意 Diploma 或 Associate Degree 並不認可），只需提交英國的畢業證書，便可自動符合英語要求。

如申請人持有的學歷是由英國以外的大學頒發，需要提供有關的成績單和大學信件，證明學歷為英語授課，然後向英國機構 UK NARIC 作出申請，確認學歷等同於英國本科或以上的程度。

如申請人沒有以上學歷，需要達到 CEFR A1 水平，可報考 IELTS for UKVI (Life Skills) A1 考試，並於聽說兩份考卷中各自合格，證書的有效期為兩年。期後，申請人於續簽時需要報考 A2 考試，永居時需要報考 B1 考試。

住屋要求

申請人及配偶需要在申請前為日後的住屋作安排，可選擇以自置物業，短租物業，或用親人或朋友的地址以作證明。申請人需要證明該物業有足夠的房間，以供申請人、配偶和其小孩一家居住。

其他要求

申請人和子女需要通過肺結核檢測。

簽證條件

申請人取得簽證後可以自由在英國工作，子女可享用免費中、小學教育。

獲批年期

配偶簽證的首次獲批年期為2年9個月，續簽後再獲批2年6個月，最快第5年可申請永居。簽證的五年期間，申請人和配偶需要視英國為主要居住地。

我在曼徹斯特，天氣晴

二零二零年三月十六日星期一，英國封城前一星期，如常信步到曼徹斯特市中心的辦公室，市面接近一切如常，接近中午，很多辦公室員工到 Tesco 買 meal deal，依然大排長龍，Tesco 除了廁紙洗手液缺貨，其他供應還算充足，市面氣氛還算平靜。

過去的周末，朋友及家人都問我會否回香港避疫，我都是回答，除了工作原因外，暫時也不回來，我明白他們的擔心，我也擔心英國的情況，正如我早前擔心香港的疫情一樣。

政治就是日常

現在回想，兩個月前找來美國的朋友郵寄 3M 1860 口罩給香港的家人及醫護朋友，也有點慚愧，因為實實在在佔用了別人的寶貴物資。

這幾年我一直都說，無論是四年前開始這專頁、二零一八年下旬出版的書，以及兩次的新書發佈會，我都不厭其煩的說，移居後依然會面對不同的挑戰和難題，同樣會令人沮喪和失望，是必須要預期的事情。

移居前必須要考慮清楚，移居後面對的種種問題又或文化差異，不僅僅只是我們吃乾炒牛河，他們吃 pasta，而是就像今次無論是政治、文化、又或生活上的衝擊，你又能夠接受多少呢？

未來一個月願意留在英國嗎？

我們必須緊記：政治就是日常，在英國不滿意的話，下次大選，拉當權者下台吧！在香港，我們能夠嗎？又或我們有這個決心嗎？

若果我們現在離開，又跟兩個月前武漢一夜之間逃離 30 萬人是不是很相近呢？香港今天新增的 8 個個案，7 個是歐美傳入。

想移居英國的朋友，試想想，你又願意在未來一個月停留在英國嗎？

補遺：相片是在今天正午 12 時多在曼徹斯特市中心 Market Street 拍下，天氣多好。

居英權二代

近年辦理的配偶簽證個案，不少為居英權二代的家庭。

翻看歷史，九十年代初，英國政府曾推出居英權計劃（British Nationality (Hong Kong) Act 1990），當時大約有五萬名香港人透過此計劃註冊成為英籍公民，他們的身份為居英權第一代（British Citizen otherwise by Descent），而他們的子女則為居英權二代（British Citizen by Descent）。

到底British Citizen otherwise by Descent及British Citizen by Descent有什麼分別呢？

British Citizen otherwise by Descent

British Citizen otherwise by Descent的持有人主要有三種：第一種常見的是在英國出生，其出生時父母其中一方已持有英籍或永居；第二種是通常自行的途徑取得，如通過移民途徑在英國已取得永居，再申請為英籍；第三種是居英權第一代。

British Citizen otherwise by Descent 的人仕可以自動傳給非英國出生的子女，其子女出生時會自動有英籍，身份為 British Citizen by Descent。

British Citizen by Descent

British Citizen by Descent 的持有人主要有兩種：第一種是在英國境外出生，其出生時父母其中一方是 British Citizen otherwise by Descent；第二種是居英權二代。British Citizen by Descent 的人仕不能自動傳給非英國出生的子女。

如果想傳給非英國出生的子女，主要要考慮的因素有三項：

1. 上一代在自己出生時是否已持有英籍；

2. 自己在子女出生時是否已持有英籍；

3. 自己在其子女出生前是否曾於英國居住至少三年的時間，三年內總共沒有離開英國超過 270 天，並有提供其三年間有關的住址證明。

如果達到以上三項要求，可通過 Section 3(2) British Nationality Act 1981 為其子女直接

申請英籍。

如果未能達到，則需要考慮是否有計劃全家一起移居英國，為其配偶子女和申請 spouse and child dependent visa。當申請人全家一起在英國居住至少三年的時間，三年內每位總共沒有離開英國超過 270 天，便可通過 Section 3 (5) British Nationality Act 1981 為子女申請英籍。

哪天再重聚

二零二零年三月二十日下午五時，政府公布，今晚過後，全英國餐廳、戲院、健身室、酒吧、劇院、遊樂場、夜總會行業都必須全部關閉，跟全英國學校一樣，沒有重開日期。

英國，接近停擺了。

這幾天收到不少香港朋友的問候，都感謝了，也在這一併跟大家說，我暫時未有回到香港的準備，我從沒看輕這個疫症，尤其是我們曾經歷沙士的一代人，但要在這時候離開，不可能吧。

晚上英國不少餐廳的網站已換上停業通告，黑地白字，像訃文，似乎在告訴我們，嚴陣以待，別掉以輕心。

我期盼著我們再見的那天，會是在那風光明媚的英國，又或，我所愛的香港。

我還好，你好嗎？

榮耀將歸於我們，所有人

英國年輕財相 Rishi Sunak 在三月二十日公布一系列紓困措施，其結語的演辭觸動人心，在英國引起不少回響，這是我簡單的意譯：

「比起近代歷史上的任何時候，今次，我們將會用我們的同理心得到歷史的認同。我們要克服今次的難關，不能只靠政府或商界，還要依賴我們每個人的守望相助，例如：

—小企業竭盡所能盡量別裁減員工

—學生們幫助長者鄰居購物

—已退役醫護自願地在本地醫院作輪班工作

當事情完結，這事情一定會完結，我們會牢牢記著，我們在這段日子所做的一切，以及其他人為我們所做的每件好事。到了那天，我們回望今天，這個影響整代人的事情得以完結，都是因為我們團結一致，共同承擔共同努力的成果。

願榮耀歸於我們，所有人。」

是的，在面對國家危難大是大非前，我們更應守望相助，關懷身邊弱勢，盡自己一分力，不就是上世紀70至90年代，我們香港人擁有的良好公民質素嗎？

人人為我，我為人人（One for all, all for one）每個人多走一步，多為人設想，我們留守英國的香港人，同樣可以在疫情下為社區作出貢獻。我會告訴其他人，我不是來自那裡，我是來自香港，我引以為傲的出生和成長地。

（補遺：上頁照片攝於停擺公布前幾小時的曼徹斯特市中心，像曙光，明日之後，天氣會繼續晴嗎）

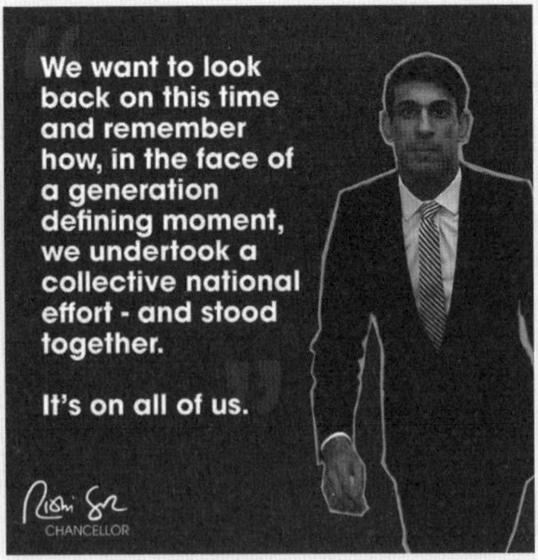
We want to look back on this time and remember how, in the face of a generation defining moment, we undertook a collective national effort - and stood together.
It's on all of us.
CHANCELLOR

如果可以簡單

也許相愛很難，即使雙方都把對方當作一生至愛，但社會制度的限制卻沒有那麼簡單。只不過想要跟所愛的人一同到英國生活，以為是天經地義的，有誰會想到考驗會是這麼多？

「我和丈夫本來在香港生活，想到英國去源自於追求更舒服自在的生活，本來以為丈夫擁有英籍身份，照理應該是件很簡單的事，卻完全沒有想到原來事情可以這麼難。

幾年前知道在伯明翰的家人正在計劃退休，經營的外賣店想找人接手。當時我們覺得這也是個不錯的生活方式，完全沒經驗的我便膽粗粗地舉手報名，並和丈夫開始了經營這小店的日子。

不能看輕的配偶簽證

由於我那時候並未有正式居留權，所以起初在英國停留時都是以旅客身份。我明白要在這邊生活，始終依足規矩比較好，所以便著手處理配偶簽證的申請工作。

Marti與丈夫定居於伯明翰

那時候因為業務上的需要認識了一位律師，他向來幫我們處理各種商業相關的工作都做得很周到。當時我們覺得搞簽證都是一般事務，只要是律師就行了吧。那時候真沒意識到，律師的專業範疇其實可以好廣，有的專長商業法，有的專長移民法，當時那位律師只跟我們說沒問題，我們便大安旨意把一切交給他，結果令人失望。」

當時她身邊也有不少朋友和家人在做過類似的簽證，聽過的例子都很順利，心裡覺得應該不會有多難，便按著律師的指示做了一些工夫。直到審核結果出來，說她因為遞交的文件不齊全，所以簽證被拒絕了，這刻她才如夢初醒明白事情並非如此簡單。

簽證被初次拒絕時她心裡覺得奇怪，因為不是假結婚，為甚麼政府要給她麻煩呢？於是便展開了上訴，漫長的等待後，怎料覆核的結果還是維持原判。那期間不少人都很熱心地給她各種意見，但他們的說法又不盡相同，多少令她感到迷惑。轉捩點就出現在她一次入境時，海關指她往返太過頻密不像旅遊，幾乎拒絕她入境。

認真處理終於成功

那時她才意識到不能再隨便處理，於是找到了我，並讓我為她作正式的申請。看著這次的準備，她才明白到簽證的申請並不簡單，每一個步驟都需要很仔細，每一份文件都需要正確，特別是財政要求，更需要萬無一失，結果，有了很好的準備，這次申請出乎意料的順利。

簽證獲批後，她終於能以正式的身份留在英國。現在她每天可以很安心地在店子裡幫忙，沒有後顧之憂地在這邊展開全新的生活，和丈夫好好享受這裡更美好的環境，過著簡單的生活。

其實，如果可以簡單，誰又想要複雜呢？

移民解讀 — 配偶簽證的三大重點

財政要求為配偶簽證最重要的一部分，也是最常見的拒簽原因之一，申請人必需確保其收入或現金存款完全足夠，並提交正確的文件。

若申請人持有超過六個月的有效簽證，可在英國境內直接辦理配偶簽證。相反，若申請人只是以遊客的身份入境，則不能直接在英國境內辦理，需要返回原居地作申請。

若申請人與英籍配偶已婚，配偶又一直長居英國，建議儘早辦理配偶簽證，否則有機會在入境英國時，被入境人員懷疑其訪英目的而被拒入境。

不如不見

二零二零年三月二十三日晚上八時三十分，首相 Boris Johnson（鮑里斯．約翰遜）公布，全英停擺三個星期，直到四月十四日再作檢討。除了必要原因，必須留在家中，我決定留在英國，我清楚知道，不是看到希望才去堅持，而是因為堅持了才會看到希望。記緊，我們為什麼要移居英國。我記下了這三個星期的所思所想，只希望，我可以繼續寫下去。

Day 1 英國停擺

二零二零年三月二十四日，英國停擺，生活和工作都凝住在昨天，我們都要好好記著，21 天後，我們會再次走出去站起來，大家相視而笑，因為，我們做到了。相片攝自昨天，像電影 28 日後，商戶大多已關門，人很少很少，也沒太多的緊張，既然來了就豁然面對吧。

堅守英國的香港人，努力。

Day 3 不如不見

二零二零年三月二十六日，英國停擺第三天，已經開始忘了今天是星期三或四，我在曼徹斯特市中心居所往外望，街道上人真的很少很少，偶爾看到火車經過，幾乎沒有乘客，無人列車，像恐怖電影。

政府建議人與人之間，至少要有兩米距離，雖然感覺很疏離，或者其實會更好，因為看不到彼此的缺點，距離往往更能夠掩蓋某些遺憾，大家都只知道對方的好。

身體的距離可以用呎去量度，有些距離卻不可以，像年紀學歷身分和內心的差距，這些是無形的距離，實際存在卻又未必構成障礙，又要看看你在乎與否了。

陳奕迅的《不如不見》寫的就是這種距離，雖然十多小時的航班到了倫敦，才發現彼此的距離不在於地域上的遠近，而是：

「越渴望見面然後發現，中間隔著那十年，我想見的笑臉只有懷念，不懂怎去再聊天」

不如不見，亦是今天英國的境況，大家都不要見面，待事情完結，事情一定會完結，我們不再有兩米的有形距離，至於那些無形的差距，管他吧。

只要我們還可再見，就好。

Day 5 黎明前的至暗時刻

二零二零年三月二十八日，英國首相 Boris Johnson 將會向全英國 3,000 萬家庭發出郵遞信件，表示事情要經歷最壞的情況後才會好轉，未來數星期必須要跟從指引，以確保更少人失去性命。

作為香港人，我完全明白，黎明來到前是非常黑暗，各位留守英國的香港人，我們一定要再見。

快樂新世界

在香港有著成熟的事業發展，往往是移民英國時最難叫人捨棄的心理關口。然而當你願意把這些放棄，生活轉變之後，也許才會發現未來的風景竟會變得比之前更美妙。

「回想起那時候在香港的忙碌程度，的確是我考慮移民的其中一個原因。我本身在加拿大住了很長時間，而太太則在英國長大，香港生活節奏的壓迫感，我們可說是感受相當之深。

尋找真正的生活

雖然事業發展尚算不錯，但到了某個時刻我們會開始思考是否可以不用搏得咁盡？加上小朋友在這邊只不過還在讀幼稚園，從學校老師和校長的態度上已看得出他們對催谷小朋友有多麼執著。思前想後，我們終於決定放下手上所有，去英國尋找真正的『生活』。由於太太有英國公民身份，所以我便配偶簽證的形式作出申請。」

當時他決定找我去處理相關事情的原因很簡單，因為他們深信專業的工作，就應該交由專業

Billy與家人在英國生活得愉快

的人去做，出錯的機會自然就較低。還在香港的時候他的工作很忙，管理公司之餘還要出席大小應酬，根本沒時間去處理像移民這些細節事項。後來他找了我幫忙，由申請，到獲批，然後一家來到英國，過程比想像中輕鬆。然而，前面的經歷也許順利，來到英國仍是需要一定的心態調整。

變回愛上課的小孩子

「因為放下了之前的業務，我現在主要做一些投資管理，工作量大幅度減少了，收入相比過往也有一定差距。這可說是給自己的最大一個挑戰，坦白說以前我的金錢價值觀念相對重很多，但來到英國之後，觀念上的改變之大我也沒有想過。始終在英國，生活指數及壓力都低好多，支出很容易計算得到，沒有了以往在香港時常會擔心收入不足夠，可說是完全兩個世界。

如果當初我定居的地方是倫敦的話，也許轉變可能沒現在大，因為倫敦和香港的節奏其實很相似。而我選擇居住的地方是利物浦，氣氛就輕鬆多了。這個地方由美食餐廳，到天氣和環境都是我所喜歡的，而且名勝又多，本身已經有很多叫我開心的理由。不瞞大家，我更是利物浦球迷，在這裡生活自然就更有額外加分。

快樂的不單止自己，即使是小孩子你都可以明顯看得出分別。孩子來到英國之後，天天都跟我說想返學，這態度在香港根本不可能出現。我們現在可以更好地掌握生活，單單是每天多了時間和家人相處，就已經多多錢都換不到的。」

原來，有時候事情就是如此，當你以為放棄了一些很重要的東西，但時間過去了，處境轉變了，你才會發現，曾經覺得重要的會變得一點都不重要。就像他們一家人一樣，活得前所未有的快樂。

一移民解讀一 續簽配偶簽證

配偶簽證的申請人在續簽時需要達到婚姻、財政、英語、住屋等要求，並需提交過去兩年間至少六項的住址證明。有關英語方面，若申請人沒有本科或以上的學歷，續簽時需要通過IELTS Life Skills A2 考試，永居時則需要通過IELTS Life Skills B1 和Life in the UK test考試。申請人可以選擇以正常或加快的服務申請續簽，正常服務的審批時間為8個星期，加快服務則一般在24小時內有結果。

Day 6 活著，多好

三月二十九星期日，陰天，冷。

英國停擺第六天，終於要外出補充物資。

超市都限制店內人數，等候期間必須保持兩米距離，每次只准一個人進店，店內的人都很安靜，大多手持貓紙，照單執貨，有人在揀貨品，其他人會耐心在兩米外靜候，大家都不會停留太久。

貨品供應尚算充足，大家亦無購買太多物品，足夠就好，部分超市都關閉 self-check，付款時亦會與收銀員有一定距離。

街上人很少，一人或兩人同行，有警員巡邏但未有需要執法，大家都很守規矩，我步行來回超市加上排隊進入然後購物也只是用了不足一小時。

明白到我們都在非常時期，大家都必須做好本份，才能有機會生存下去。

今天政府官員說，封城可能直到六月，首名 NHS 醫護因疫情死亡，未來數星期是關鍵，我們都要好好保護自己，減輕 NHS 負擔，就是保護這個城市這個國家。

活著多好，好好活著。

Day 9 最冷一天

四月一日，星期三。

那年那天，我真的以為是惡作劇，只記得日子像鐵軌一樣長。

然後，都過去了。

十七年後，抬頭望那片星空仍然一片靜，又再面對瘟疫無常，生離告別也是依然。

只希望，再沒有遺憾。

「唯願在剩餘光線面前，留下兩眼為見你一面，仍然能相擁才不怕驟變，但怕思念。」

是的，我最喜歡的張國榮依然是「最冷一天」。

Day 13 我們一定會再見

四月五日，星期日。

英女皇發表歷來第五次非聖誕文告的全國電視演說，鼓勵在嚴峻疫情下的國民。

演說最後以「We will meet again」作結，有重大意義，「We will meet again」為二戰世界大戰期間，英國深入民心的歌曲，安慰因戰亂而分離的所有人。

「我們將會成功，而成功是屬於我們每一個人。

我們可能還要有更多的忍耐，但美好的日子將會重臨，我們會再次與朋友相聚，我們會再次與家人在一起；我們一定會再見。

女皇伊利沙伯二世」

"We will succeed - and that success will belong to every one of us."

"We should take comfort that while we may have more still to endure, better days will return:

we will be with our friends again

we will be with our families again

we will meet again

Queen Elizabeth II

CHAPTER SIX
我們不要在海德公園，再見

疫情下的英國

二零二零年三月，初春。

英國首相 Boris Johnson 在英國時間晚上公布，英國全國封城三週，非必要工作及活動全部停擺。封城後的那天，我收到了瑋思的來電，查詢有關在疫情下移民局對於簽證持有人的指引和安排。

疫情期間，英國暫時沒有封關，所有持有英國護照、永居，或任何有效簽證的持有人仍然可以自由入境英國，但大部分英國註海外的簽證中心卻已經關閉或只提供有限度的服務，所有已提交的初簽、續簽、永居等申請也會有一定的延誤。

有這段艱難的日子裡，移民局有什麼特別的措施呢？

已獲批但未能登陸英國

如申請人的簽證已獲批，但未能在指定的一個月內登陸英國，可以申請 visa vignette transfer，提供未能登陸英國的原因，申請延期 30 天登陸英國。

180 天的居住要求

如果申請人因疫情的原故未能回到英國，無法達到每年最多只能離境 180 天的要求，是否可以酌情處理呢？

根據移民法例，申請人在申請永居前的連續五年期間，每年（以 12 個月計）最多只能離境 180 天，不論離境的原因是什麼。根據移民局的指引，唯一的例外為「national or international humanitarian or environmental crisis overseas, such as the Ebola crisis which began in West Africa in 2014」。除此之外，移民法例暫時沒有對未能達到居住要求的申請人酌情處理。

企業支援政策

英國政府在疫情下提供了不少企業支援政策，包括為避免僱主因為疫情裁減員工，為僱員支付 80% 的工資補貼，及向有關合資格的企業提供有關的現金資助。

值得注意的是，凡是所有簽證的持有人，在未取得永久居留權前，是不能申請政府福利的。在申請任何資助前，申請人需要先確定有關的資助是否界定為政府福利，如果是的話，申請了就會違反了有關的簽證限制，導致簽證被拒。

鮑里斯約翰遜的來信

Day 15 身處亂世，我們都不能獨善其身

四月七日，星期二。

Alice Kit Tak Ong（譯音：王潔德）香港出生，70 年代移居英國進修護士，已在英國 NHS 任護士 44 年，70 歲仍堅持醫護工作，武肺死亡。看到這消息，我真的哭了，她的相片就是我兒時香港護士的模樣，請安息吧。

現正在印度任慈善工作的 2019 年英倫小姐 Miss England Dr. Bhasha Mukherjee，決定回到英國 NHS，擔任最前線的醫生工作。航空業停擺，英航機長轉任送貨司機，服務市民。還有 2 萬名前 NHS 員工及 75 萬名義工投入抗疫工作。

愛爾蘭總理 Leo Varadkar 決定重新註冊醫生資格，除了應付總理的工作，還會去到前線接聽電話，評估患者狀況，應對疫情。

我想到的是，電影 Independence day 的總統，重上戰機，跟已退役的軍人去對付入侵的外

星人前的一段說話：

We will not go quietly into the night

We will not vanish without a fight

We're going to live on

We're going to survive

我看到人性光輝，我看見這裡的人堅守崗位，前仆後繼的去應付這場仗，我們一定會贏，然後要那為禍全世界的病毒源頭付出代價。

Day 17　鮑里斯約翰遜的來信

四月九日，星期四。

那信函，我收到了，剛好，在復活節前。

三日二十七日 Boris Johnson 確診自我隔離，三月二十八日表示會向全英國家庭發出信件，四月五日入院，四月六日進入深切治療部，四月九日黃昏情況好轉回到普

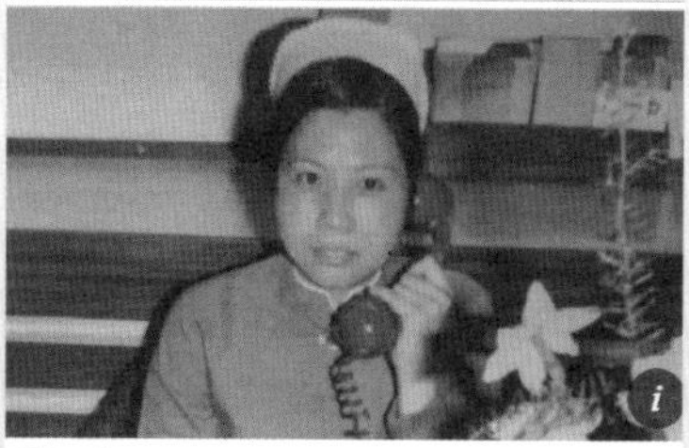

Nursing

Hong Kong-born nurse dies of coronavirus after 44 years with NHS

Family of Alice Kit Tak Ong, 70, believe she may have caught virus while at work in surgery

通病房。

封城17天，彷彿已經很長很長，事情已經去到另一階段，相信封城仍然繼續，折返人間應該還有好一段日子吧。

那信函，還包括一個小冊子，叮囑我們要做的事，相信對於老一輩尤其獨個兒生活來說，收到白紙黑字有簽名的信函，會有一種關懷，沒有被遺棄的感覺吧。

就像不少在香港，認識我的朋友，每天看到我的文字，是報平安，是的，我在英國還好。

你好嗎？

10 DOWNING STREET
LONDON SW1A 2AA

THE PRIME MINISTER

I am writing to you to update you on the steps we are taking to combat coronavirus.

In just a few short weeks, everyday life in this country has changed dramatically. We all feel the profound impact of coronavirus not just on ourselves, but on our loved ones and our communities.

I understand completely the difficulties this disruption has caused to your lives, businesses and jobs. But the action we have taken is absolutely necessary, for one very simple reason.

If too many people become seriously unwell at one time, the NHS will be unable to cope. This will cost lives. We must slow the spread of the disease, and reduce the number of people needing hospital treatment in order to save as many lives as possible.

That is why we are giving one simple instruction – you **must** stay at home.

You should not meet friends or relatives who do not live in your home. You may only leave your home for very limited purposes, such as buying food and medicine, exercising once a day and seeking medical attention. You can travel to and from work but should work from home if you can.

When you do have to leave your home, you should ensure, wherever possible, that you are two metres apart from anyone outside of your household.

These rules must be observed. So, if people break the rules, the police will issue fines and disperse gatherings.

I know many of you will be deeply worried about the financial impact on you and your family. The Government will do whatever it takes to help you make ends meet and put food on the table.

The enclosed leaflet sets out more detail about the support available and the rules you need to follow. You can also find the latest advice at gov.uk/coronavirus.

From the start, we have sought to put in the right measures at the right time. We will not hesitate to go further if that is what the scientific and medical advice tells us we must do.

It's important for me to level with you – we know things will get worse before they get better. But we are making the right preparations, and the more we all follow the rules, the fewer lives will be lost and the sooner life can return to normal.

I want to thank everyone who is working flat out to beat the virus, in particular the staff in our fantastic NHS and care sector across England, Scotland, Wales and Northern Ireland. It has been truly inspirational to see our doctors, nurses and other carers rise magnificently to the needs of the hour.

Thousands of retired doctors and nurses are returning to the NHS – and hundreds of thousands of citizens are volunteering to help the most vulnerable. It is with that great British spirit that we will beat coronavirus and we will beat it together.

That is why, at this moment of national emergency, I urge you, please, to **stay at home, protect the NHS and save lives.**

重遇在那天

二零二零年四月，我原定的英國之旅，因為疫情的緣故取消了。

「對不起，暫時沒有辦法來英國了。」

「這段時間大家都要小心，你在香港也要好好保重啊！」

瑋思的聲音聽起來有點失落，相信在疫情的日子裡，被困在家也不好過。

聽著瑋思的近況，知道他在英國仍然平安，心裡總算安心了一點。不經不覺，原來已經接近五年，還有半年的時間，他就可以申請永居了。

「時間真的過得很快。」

「不知道下次見面會是什麼時候？」

是的，回想上一次到訪英國，好像已經有好一段的日子，但記憶猶新的是，每一趟的英國之旅，都彷彿看到不一樣的風景，有著不一樣的反思。

移居旅途上的美麗與哀愁

昔日許多人下定決心要放棄一切到異國尋找新開始，但是，當我們在異國逐漸安頓下來，慢慢開展新生活的同時，又曾憶起這一切的初心是什麼嗎？心裡所願的是與孩子一起尋夢，尋找新開始，還是一紙的居留權呢？

像我在旅途上的所見，有人放棄高薪厚職，默默經營小店；有人概歎生意未如理想，有人卻幸運地在短短三年間開設第二間分店。

同時，有人來到英國後改名換姓，渴望開展全新的生活，有人卻仍然面對著深層次的家庭問題；有人來到新國度，重新學習烹飪和處理家務，適應著沒有外傭姐姐的新生活；有人仍然留戀家鄉的美好，計畫若干年後回流的可能性，有人卻已經重新上路。

記得特別深刻的是，曾有申請人跟我分享，當年通過海外公司首席代表簽證來到英國，那年公司的環境很好，公司高薪招聘他作首席代表到英國開分公司。

翌年公司上市，他的待遇也不錯，但好景不常，後來因為種種經濟環境和突如其來的疫情，公司需要重整，他的工作亦由高薪厚職變成低薪再加佣金，每個月都要更努力地追趕營業額。他慨嘆，如果不是因為兩個小孩子的教育，早早就放棄這份工作和這個簽證了。

我在想：或者這一切一切，就像我和瑋思一直所寫的故事一樣，移居的旅途上總不免有著其美麗與哀愁，更重要的，是你所抱著的是一種怎樣的心態，所渴求的又是一種怎樣的生活？

生有涯，努力圓夢

每個人都有自己的夢想和想做的事，因為地上的生命有限，所以才要更努力，實現自己想過的生活。

假如生命裡還有十年的快樂時光，你會選擇在故事完結之前作怎樣的決定呢？你會為了自己和所愛的人，一直堅持下去嗎？

明日花，昨日已開

Day 19 女皇的祈禱

四月十一日，星期六，英女皇伊利沙伯二世發表復活節文告，為登基68年以來首個聖誕節以外的宗教節日文告，鼓勵國民，國家即將重現光明。

女皇表示，今年復活節跟以往不同，我們必須保持距離以保安全，但不表示復活節已經取消。很多宗教都會燃點蠟燭，象徵光明和希望，病毒並沒有戰勝我們，我們終將克服黑暗，迎接光明的未來。

Day 21 明日花，昨日已開

四月十三日，星期一，封城3星期，剛好今天屆滿。

在陽光燦爛的日子，家門不遠教堂門外的櫻花盛開了，每年也是短暫的日子但漂亮，像是告訴我們，寒冬終究會過去，春天來了，好好珍惜。

還記起二零一九年三月成功取得企業家簽證續簽後，四月立即到日本，在新宿御苑遇到平成最後之櫻，還有記下的願望和約定。

然後下半年的那場運動，到二零二零年的瘟疫蔓延，香港以至整個世界都變了，一切恍如隔世，或者都是給我們的試煉，天變地變，只要我們懷著信心，堅持下去，好日子就在前面。

初春來時，彼此約定過繼續期待。

Day 22　延長封城禁令

四月十四日，英國政府正式宣布，因應疫情延長封城禁令，預計至少三個星期，直到五月七日。

Day 63+1　我們的 New Normal

五月二十六日，天氣晴。

六十四天後總算生存下來，面對的是我們的 New Normal，人與人之間的兩米距離，很疏離似的，更多的步行及騎單車，更少的乘公共交通工具，或者對於地球，還是好的。

無論怎樣也好，大家都希望可以外出，街上的人開始出現，部分店舖內已經有職員開始打掃，又或準備顧客的距離措施。

High Street 食肆部分已經重開，但只是外賣，6月1日部分學校復課，6月中大部分商店復業，七月酒吧及食肆可以堂食。

但一切都回不到過去了，我們都要重新適應如何改變生活，以及想想營商模式。或者人生從來都是充滿變數，只是幾年的光景，已經像鐵軌一樣長。

準備到英國的朋友，也要有心理準備，未必有如你所願的理想生活，不過，自由從來都是無價，這點我很清楚。

記掛的是，明天走出來的香港人及年輕人，萬事小心。

Day 70　回到那些美好的日子

六月一日，我也不知道，現在還算不算封城，天亮後，部分級別學生復課了，但大部分店鋪仍未能復業。在過去的星期天，英國有著 20 多度和暖的陽光，大街上公園裡的人流已回復不少，大家也在享受明媚春光，似乎又回到那些美好的日子。

兩個多月前封城開始後，天氣持續出奇的好，據說已經很多年未有過這樣的溫暖春天了，天氣先生也可說是跟我們開了一個玩笑，捱過嚴寒，好天氣卻不能外出，a u kidding me ？

是的，二零二零年可說是跟很多人都在開玩笑，或者說是上天在給我們考驗，所有事情接踵而來，已經有點透不過氣的感覺，但有時，正確的事情還是要堅持下去，儘管荊棘滿途。

只希望，不要在海德公園再見，就好。

AFTERWORD

後 記

還有，然後嗎

願心中那日記隨年變厚

Janine Miu

二零二零年六月，仲夏。

故事總有開始，也有結束。

終於，疫情緩和了，瑋思回到香港了。

我們相約在中環海傍的咖啡店，黃昏的陽光穿越厚厚的雲層，折射在咖啡桌上。

我捧著書稿細細閱讀著，心裡泛起了莫名的感動，誰都沒有料到，因為五年前我們的一次相遇，改變了接下來的故事。

這故事由從前寫到目前，當中經歷了不少的歷練，就像書裡所記載的故事一樣，每一個尋夢的人都好像總是在現實和夢想之間徘徊，在堅持與絕望之間掙扎，在奮鬥與氣餒之間抉擇。

但無論如何，故事開始了，就得懷著勇氣和決心走下去，去探索更多的可能性，去追尋心裡的夢想。

臨別的時候，我望著瑋思問道：「還會有第三本嗎？」

瑋思別下頭，攪動了他手中的咖啡，想了想，然後說：「故事才剛開始，還得繼續下去。」

咖啡店外的天色漸暗，天空掛著一閃閃星星，

摩天輪在星空下轉動，我靜靜凝望漫天星星，

慢慢地閉上眼睛許願，默默想著心裡的約定。

故事未完，待續。

願如期團聚於，天國某地方

Edmund Lai

六月一日，封城七十天後，人已經變得遲鈍，終於完成本書文稿，幸好Janine 是很好的作者，她的部分寫得很好，著實幫了不少忙。

朋友問我，將來計劃如何，我沉默半晌，回答：「書，仍會寫下去，出版工作仍希望繼續，直到做不下去。」

仍在想改變香港嗎？

「想，盡力而為吧。」

現在，我只知道，我的故事，仍未寫完，未來，就留待未來吧。

我相信，那年那天，榮耀將歸於我們，所有人。

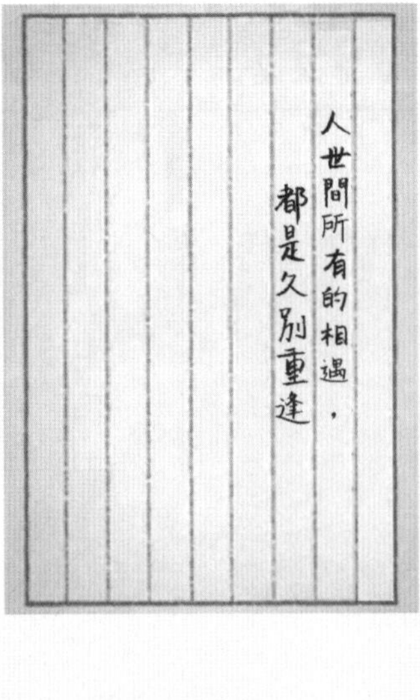

APPENDIX
附錄
英國簽證一覽表

簽證類別	移民目的	主要要求	首簽獲批年期	續簽獲批年期	獲永久居留權的居住要求	獲英籍的居住要求
投資及創業類簽證						
Tier 1 Investor Visa 投資者簽證	投資	1. 200萬英鎊現金存款 2. 申請人須使用該筆存款投資英國企業債券或股票 3. 需開立英國投資銀行賬戶 4. 提交無犯罪紀錄證明書	1. 投資200萬英鎊：申請人的首次簽證獲批年期為3年；續簽獲批年期為2年；獲得英藉的居住要求為6年。 2. 投資500萬英鎊：主申請人可於第3年後獲得永久居留權；獲得英籍的居住要求為5年。 3. 投資1000萬英鎊：主申請人可於第2年後獲得永久居留權；獲得英籍的居住要求為5年。			
Sole Representative Visa 海外公司 首席代表簽證	擴充業務	1. 申請人必須受僱於英國境外的海外公司，擔任高級管理人員職位 2. 申請人不能為公司的主要股東 3. 申請人需在公司從事的業務範圍內擁有相當的工作經驗和專業知識，可全權對英國的業務做出決定 4. 申請人在英國設立的公司必須與母公司從事相同的業務，並作為海外公司唯一英國境內代表人 5. 海外公司需要有穩定的財務狀況 6. 持有相等於英國本科的學歷、或通過IELTS A1考試 7. 達到指定的生活費要求	3年	2年	第5年	第6年

簽證類別	移民目的	主要要求	首簽獲批年期	續簽獲批年期	獲永久居留權的居住要求	獲英籍的居住要求
Innovator Visa 創新者簽證	創業	1. 投資5萬英鎊 2. 具有營商經驗的人士 3. 具有創新、可行、和擴張性的創業計劃 4. 持有相等於英國本科的學歷、或通過IELTS B2考試 5. 達到指定的生活費要求	1. 若符合相關要求，主申請人最快於第三年獲得永久居留權；獲得英籍的居住要求為5年。 2. 如果為主申請人的伴侶及子女，首次簽證獲批年期為3年；續簽獲批年期為2年，最快於第5年獲得永久居留權；獲得英籍的居住要求為6年。			
Start-up Visa 初創者簽證	創業	1. 沒有資金限制 2. 具創新、可行、和擴張性的創業計劃 3. 持有相等於英國本科的學歷、或通過IELTS B2考試	申請人的簽證獲批年期為2年，如果想獲得永久居留權，需於2年後轉為其他簽證類別如創新者簽證。			
工作類簽證						
Global Talent Visa 全球人才簽證	工作	申請人需擁有以下領域的技術並經英國政府指定的機構審批（相關機構詳情可參閱移民局網站）: 1. 藝術、文化、時裝、建築、電影和電視應用 2. 人文和社會科學應用 3. 醫學科學研究的應用 4. 工程應用 5. 數碼技術應用 6. 自然科學應用	申請人的簽證獲批年期為5年；申請人可於第5年後獲得永久居留權；獲英籍的居住要求為6年。			
Tier 2 General Work Visa 工作簽證 （計分制將於2021年1月1日開始生效）	工作	1. 申請人需受僱於持有僱主擔保許可證的英國公司，並達到指定所需分數 2. 提交無犯罪紀錄證明書 3. 持有相等於英國本科的學歷、或通過IELTS A1考試 4. 達到指定的生活費要求	3年	2年	第5年	第6年

簽證類別	移民目的	主要要求	首簽獲批年期	續簽獲批年期	獲永久居留權的居住要求	獲英籍的居住要求
Tier 2 Intra Company Transfer Visa 公司內部調動簽證	工作	1. 申請人需受僱於英國境外的公司，並由該公司安排到其英國的公司工作，英國公司需持有僱主擔保許可證 2. 員工需為公司工作至少12個月，或達到指定的年薪要求 3. 長期員工（可在英國工作及居住1年以上） 4. 短期員工（可在英國工作及居住不超過1年） 5. 畢業培訓生（需為應屆畢業生，並有至少3個月經驗） 6. 達到指定的生活費要求	1. 申請人獲批的逗留期限取決於公司所安排的工作年期，因此長期員工所獲批的逗留期限會比短期員工長。 2. 畢業培訓生最多只能逗留1年			
Tier 5 Youth Mobility Scheme Visa 工作假期簽證	工作假期	1. 年齡限制：介乎18至30歲之間 2. 香港特區護照持有人每年祗獲提供1,000個名額 3. BNO 護照沒有名額限制 4. 達到指定的生活費要求	申請人可在英國逗留最多2年			
Post Study Work Scheme 畢業生工作簽證（將於2021年重新開放申請）	工作	1. 在英國取得學士或以上學位的國際學生 2. 達到指定的生活費要求	申請人可在英國逗留最多2年			
Domestic Workers in a Private Household Visa 外傭簽證	工作	1. 為僱主工作至少一年 2. 提供有效機票和住宿證明 3. 足夠的銀行存款 4. 訪英目的是為僱主提供外傭服務	申請人可在英國逗留最多6個月			

簽證類別	移民目的	主要要求	首簽獲批年期	續簽獲批年期	獲永久居留權的居住要求	獲英籍的居住要求
團聚類簽證						
Fiancé/ Fiancée Visa 未婚夫/ 未婚妻簽證	結婚	1. 關係證明（申請人需提供到英國結婚的證明文件並需要在抵達英國6個月內完婚，可在婚後申請轉為配偶簽證） 2. 財政要求（申請人需通過工作收入、房屋出租、現金存款、退休金收入、或自僱收入達到指定的財政要求） 3. 英語要求（持有相等於英國本科的學歷或通過IELTS A1考試） 4. 住屋要求（申請人需在英國有合適居所）	申請人的簽證獲批年期為6個月			
Spouse Visa 配偶簽證	團聚	1. 關係證明（申請人和配偶需證明其婚姻關係的真實性，並表達有意在英國永久居留的意願） 2. 財政要求（申請人需通過工作收入、房屋出租、現金存款、退休金收入、或自僱收入達到指定的財政要求） 3. 英語要求（持有相等於英國本科的學歷或通過IELTS A1考試） 4. 住屋要求（申請人需在英國有合適居所）	2年9個月	2年6個月	第5年	第5年

簽證類別	移民目的	主要要求	首簽獲批年期	續簽獲批年期	獲永久居留權的居住要求	獲英籍的居住要求
Unmarried Partner Visa 未婚伴侶簽證	團聚	1. 關係證明（申請人和未婚伴侶需於申請前同居至少兩年，並提供有關地址證明以證明其關係真實性） 2. 財政要求（申請人需通過工作收入、房屋出租、現金存款、退休金收入、或自僱收入達到指定的財政要求） 3. 英語要求（持相等於英國本科學歷或通過IELTS A1考試） 4. 住屋要求（申請人需在英國有合適居所）	2年9個月	2年6個月	第5年	第5年
升學類簽證						
Tier 4 (General) Student Visa 學生簽證	升學	1. 申請人需獲得持有CAS號碼的學校取錄書 2. 申請人必須有足夠的資金支付課程的費用及生活費 3. 若為學士學位或以上的課程，申請人需通過IELTS for UKVI B2考試 4. 若課程程度為低於學士學位，申請人需通過IELTS for UKVI B1考試 5. 可攜同伴侶及子女到英國，但他們不能透過學生簽證取得永久居留權	簽證年期會根據申請人的年齡及課程而定			
Tier 4 (Child) Student Visa 兒童學生簽證	升學	1. 申請人的年齡需介乎4至17歲，並獲得持有CAS號碼的學校取錄書 2. 申請人需得到監護人或家長的允許，方可於英國讀書及逗留 3. 申請人必須有足夠的資金支付學費及生活費	簽證年期會根據申請人的年齡及課程而定； 未滿16歲的學生，課程可長達6年； 16-17歲的學生，課程可長達3年			

簽證類別	移民目的	主要要求	首簽獲批年期	續簽獲批年期	獲永久居留權的居住要求	獲英籍的居住要求
Parent of a Tier 4 Child Visa **家長陪讀簽證**	陪讀	1. 申請人可為父母其中一方 2. 申請人的子女為12歲以下，持有Tier 4兒童簽證，並就讀於英國的私立日校 3. 陪讀家長不能在英國工作 4. 申請人必須有足夠的資金支付課程的費用及生活費	1. 簽證年期會根據子女的年齡及課程而定，一般為6個月或1年 2. 家長於子女12歲前擁有無限續簽權，但家長不能透過此簽證取得永久居留權			
短期及長期留英簽證						
Visitor Visa **訪客簽證**	旅遊	1. 提供有效的機票證明 2. 逗留期間不能工作、實習或兼職 3. 須提交合理的旅行安排和規劃，例如逗留期間的居住地址 4. 申請人須有能力支付往返旅程費用以及入境後相關的任何費用	一般來説訪客簽證的獲批期限為6個月； 如果申請人有充分理由證明自己需要經常來往英國，申請人可申請長期訪客簽證（Long-Term Visit Visa）獲批年期可延長至2年，5年或10年，但申請人不能透過訪客簽證取得永久居留權			
10 Years Long Residence **十年永居簽證**	永久居留	1. 必須在英國連續居住10年並符合以下要求： 2. 10年內離開英國的總日數不超過540日；每次離開英國日數不超過180日 3. 10年內無間斷地持有英國有效簽證 4. 如果在英國期間曾經因為犯罪被送進監獄、青少年管教所或者關進精神病院，年期將不能算於10年有效期內。	凡持有有效的簽證在英國的居住時間亦可計算於10年永居簽證的居住年期要求內			

註：1. 所有超過6個月獲批年期的簽證都需要繳交National Health Service (NHS)費用
2. 以上中文譯本僅供參考，文義與英文有歧異，概以最新移民法的英文版本為準。
3. 詳細資料可參閱：
www.gov.uk/government/organisations/uk-visas-and-immigration

生活書房
LIVE PUBLISHING

擁有同樣寄望 香港人移居英國的故事

作　　者：繆曉彤、黎瑋思
責任編輯：麥少明
版面設計：陳沫
出　　版：生活書房
電　　郵：livepublishing@ymail.com
發　　行：香港聯合書刊物流有限公司
地址　香港新界大埔汀麗路36號中華商務印刷大廈3字樓
電話（852）21502100
傳真（852）24073062
初版日期：2020年7月
定　　價：HK$148 / NT$520 / GB£14.00
國際書號：978-988-13849-7-3
英國總經銷：Living Culture UK（電郵：LivingCulture@gmail.com）
台灣總經銷：貿騰發賣股份有限公司
電話：02）8227 5988